Los nombres de CRISTO

T. C. HORTON
CHARLES E. HURLBURT

EDITORIAL
PORTAVOZ

La misión de *Editorial Portavoz* consiste en proporcionar productos de calidad —con integridad y excelencia—, desde una perspectiva bíblica y confiable, que animen a las personas a conocer y servir a Jesucristo.

Título del original: *The Names of Christ,* de T. C. Horton y Charles Hurlburt, y publicado por Moody Press.

Traducción: José Luis Martínez

EDITORIAL PORTAVOZ
2450 Oak Industrial Dr. NE
Grand Rapids, MI 49505 USA

Visítenos en: www.portavoz.com

ISBN 978-0-8254-5751-7

1 2 3 4 5 / 22 21 20 19 18 17

Impreso en los Estados Unidos de América
Printed in the United States of America

A Paul Lentini,
amigo y hermano,
quien llama «Yeshua» a Cristo.

INTRODUCCIÓN

Si alguien le preguntara qué significa Cristo para usted, ¿cómo respondería? El misterio de la encarnación nos deja por sí solo boquiabiertos; añádale a eso las palabras de vida de Cristo, sus extraordinarios milagros y su gran obra de salvación por medio de la cruz, la resurrección y la ascensión a la gloria. Después tendríamos que describir la maravillosa obra de gracia que Él lleva a cabo dentro de nosotros y en nuestras circunstancias. Nuestras frases superlativas parecen trilladas cuando tratamos de describir la realidad de Cristo Jesús. A veces nos podemos sentir más cómodos describiéndole simplemente como Salvador y Señor y no meternos con las complejidades que van más allá de nuestra comprensión.

Sin embargo, la persona y la obra de Cristo no es el territorio exclusivo de los teólogos expertos. Jesús les dijo a los fariseos que escudriñaran las Escrituras porque ellas daban testimonio de *Él*. En realidad uno de sus nombres es el «Verbo de Dios», casi sinónimo de la Biblia misma.

En este sentido, encontrará cientos de profecías del Antiguo Testamento que describen el carácter y la naturaleza del Mesías y su propósito en el plan de Dios. Las usamos para demostrar que Jesús es el Cristo. No obstante, existe otro recurso en las Escrituras, no tenido debidamente en cuenta, que nos permitirá comprender a un nivel más profundo a la segunda persona de la Trinidad en su completa divinidad y humanidad. Me refiero a los nombres de Cristo, que es el título y tema de este libro. Aunque no es considerado tan «importante» como la profecía cumplida, hay una riqueza oculta en las docenas de nombres e imágenes que describen al Verbo (la Palabra) encarnado que va más allá de las funciones limitadas de la profecía mesiánica.

Cuando contemplamos la variedad y la belleza de estos nombres de Cristo, la respuesta es de adoración y acción de gracias, especialmente cuando nos damos cuenta de que Él era todas estas cosas por *nosotros*. Los autores, T. C. Horton y Charles Hurlburt, nos han hecho un gran servicio al crear una guía de devociones en vez de un comentario exegético. Aunque ciertamente nos beneficiaríamos también de un tratamiento lingüístico de los nombres de Cristo. Con todo, podríamos perdernos el gozo de la comunión profunda con el Dios que estamos conociendo en una mayor profundidad al invocarle mediante nombres que rara vez usamos. Además, los autores nos proveen a menudo de un contexto para cada nombre que ilumina su significado en un pasaje dado. Este libro nos lleva tanto a una experiencia de aprendizaje como devocional.

Algunos de estos nombres pueden sorprender al lector porque no han sido tradicionalmente asociados con Cristo. En realidad, he eliminado algunos «nombres» porque más bien reflejan funciones o acciones que los atributos de una persona. Uno se da cuenta, sin embargo, que la persona de Cristo está presente en las selecciones que hemos incluido aquí, incluso aunque no siempre hagamos la asociación correspondiente en el Antiguo Testamento. Arreglados en orden bíblico, podemos observar las «huellas» de Cristo desde la caída en Génesis hasta la ciudad celestial de Apocalipsis.

Estos nombres varían mucho. El Verbo preencarnado es presentado como «Siervo», para ser más tarde conocido en su estado glorificado como «Rey de reyes» por toda la eternidad. Los clasifico «aunque no en el libro» en tres categorías: (1) Funciones literales, tales como profeta, sacerdote o rey; (2) funciones metafóricas, tales como pastor o pan de vida; (3) funciones poéticas, que manifiestan simbólicamente un atributo, tales como el lirio de los valles o la estrella de la mañana. Esta última categoría ensancha nuestra imaginación así como nuestro intelecto y corazón. Quizá mi favorito es el de «Alfa y Omega» porque define a Cristo Jesús como el punto de referencia para todo el tiempo y la eternidad.

Encontrará incorporado también otro elemento devocional

en las oraciones de varios tamaños de los autores y un servidor. Esto permite al lector dirigirse al Dios que ha revelado otra faceta más de su carácter. Los nombres son tomados por lo general de la versión de la Biblia conocida como la Reina-Valera revisión de 1960, pero a veces se han adoptado de otras versiones que expresan mejor la idea bíblica. He editado también el texto y agregado algunos nombres que los autores omitieron sin querer, además de las eliminaciones anteriormente mencionadas.

Como he declarado implícitamente, el propósito es contemplar a Cristo en todo su esplendor, franca llaneza y complejidad. Permítame algunas sugerencias: Aunque no es un libro de lecturas devocionales diarias en el sentido estricto, el lector puede usarlo en ese sentido en buena parte del año. O debido a que el texto es breve, podría leer media docena de una vez para meditación y oración. Por último, un estudio más intenso de la naturaleza de un nombre le producirá fruto. Para ayudar en ese estudio, encontrará que el índice al final del libro contiene todos los nombres relacionados en sus páginas, junto con las referencias bíblicas usadas en el texto. Le beneficiará también el usar ciertas herramientas tales como comentarios, concordancias y diccionarios bíblicos.

Mi anhelo fundamental es que usted crezca en el conocimiento y en la experiencia de Cristo Jesús con el fin de que sea más semejante a Él.

James S. Bell, hijo

LA SIMIENTE DE LA MUJER

> **Y pondré enemistad entre ti y la mujer, y entre tu simiente y la simiente suya.** *(Génesis 3:15)*

«Porque él se humilló tanto, Dios le exaltó hasta lo sumo» «Fil. 2:9, paráfrasis del autor». Desde ese primer gran acto de su revelación hasta el momento de aquel último acto supremo de su muerte por nuestros pecados en el Calvario, y hasta el tiempo cuando Dios le exaltó sentándole a su diestra en los cielos, el ejemplo de nuestro Salvador fue de profunda humildad. Él vino del seno del Padre para hacerse de la «simiente de la mujer». Aquel que dijo: «la palabra que he hablado, ella les juzgará en el día postrero», fue en su inocencia, juzgado por hombres pecadores y crucificado.

Señor, tú que te humillaste a ti mismo para nacer de una mujer, que llevaste nuestros pecados en tu propio cuerpo en el madero, nos arrodillamos delante de ti y te alabamos y adoramos. Que nos vaciemos de nosotros mismos para que tú nos llenes. Amén.

EL ÁNGEL DE JEHOVÁ

> Y llamó el ángel de Jehová a Abraham por segunda vez desde el cielo. *(Génesis 22:15)*

El «Ángel (o Mensajero) de Jehová» es Dios mismo hecho mensaje para nosotros. Él trajo su propio mensaje para sanarnos de nuestras profundas heridas y pérdidas; Él es nuestra ofrenda por el pecado. Dejó su gloria para sufrir nuestro dolor por medio del sacrificio de su propio cuerpo en la cruz.

Te adoramos, Ángel de Jehová, y te agradecemos que tú seas en verdad el mensajero de nuestra salvación. Recibimos tu mensaje con profundo amor y gratitud. Amén.

SILOH (EL PACIFICADOR)

No será quitado el cetro de Judá, ni el legislador entre sus pies, hasta que venga Siloh; y a él se congregarán los pueblos. *(Génesis 49:10)*

Israel debe caminar en la oscuridad bajo la ley hasta que al tiempo puedan ver la eternidad, porque al fin viene «Siloh» y la paz con Él. ¿Ha venido Siloh a usted? ¿Ha entrado en su alma la paz que sobrepasa todo entendimiento, la paz que *Él* da? Porque Siloh viene y conquista todo enemigo que puede acosarle, está ante usted hoy para ofrecer la paz que Él crea y que «sobrepasa todo entendimiento» (Fil. 4:7). ¿La ha recibido ya? ¿Ha venido Siloh en vano para usted? Empiece hoy y «sean conocidas [sus] peticiones delante de Dios, en toda oración y ruego» y la paz de Siloh «guardará su corazón».

Señor, tu paz sobrepasa todo entendimiento humano. Ayúdanos a mantenernos obedientes y fieles a ti para que tu paz permanezca en nosotros. Amén.

LA ROCA DE ISRAEL

Mas su arco se mantuvo poderoso, y los brazos de sus manos se fortalecieron por las manos del Fuerte de Jacob (Por el nombre del Pastor, la Roca de Israel). *(Génesis 49:24)*

La «Roca de Israel», la Piedra principal del ángulo, es rechazada por los edificadores, una Piedra de tropiezo y Roca que hace caer, sobre la cual edificamos todo lo que permanecerá. Él nos hace piedras vivas y labradas; nos edifica junto con otras piedras vivas para formar quizá una columna que permanezca y sea siempre parte de su templo para su propia morada.

Dios santo, ofrenda dada para mi paz, por medio de la muerte para que yo pueda vivir y por medio del fuego para que yo llegue a ser indestructible, ilumíname hoy hasta que perciba y reciba tu paz que sobrepasa todo entendimiento. Amén.

EL SACRIFICIO DE PAZ

> Si su ofrenda fuere sacrificio de paz... sin defecto la ofrecerá delante de Jehová. *(Levítico 3:1)*

¿Hay algún asunto en disputa entre el Señor y usted? ¿Algo quizá pequeño que todavía no le ha rendido? Él tiene razón. Él no puede cambiar. Es su corazón el que debe rendirse. Recibirá entonces la paz que sobrepasa todo entendimiento. Él ha llevado a cabo la ofrenda que prefiguraba estos sacrificios del Antiguo Testamento y que expía todos sus pecados, pero usted debe rendirle su voluntad. ¿Lo hará ahora?

Señor Jesucristo, cambia mi corazón mediante tu gracia y poder a fin de que pueda experimentar las bendiciones maravillosas de la paz con Dios por medio de tu sangre expiatoria. Amén.

UNA ESTRELLA

> Lo veré, mas no ahora; lo miraré, mas no de cerca; saldrá ESTRELLA de Jacob, y se levantará cetro de Israel, y herirá las sienes de Moab, y destruirá a todos los hijos de Set. *(Números 4:17)*

¿Qué podría ser más bello o más apropiado que nuestro Señor fuera llamado «Estrella» de Dios? Los que le conocen mejor dicen: «Lo veré, mas no ahora; lo miraré, mas no de cerca.» Mucho más allá de nuestro mundo de dificultades, de preocupaciones y cambios, Él resplandece con luz pura, una estrella radiante que guía a todos los que le siguen, la Estrella de la mañana, que es la promesa de un día mejor.

Señor Dios, tu estrella es una señal de esperanza que apunta al cielo. Déjanos ver tu luz resplandeciente como Creador del cielo y de la tierra, y como nuestro Salvador personal. Amén.

UN CETRO

Y se levantará cetro de Israel. *(Números 24:17)*

Hay una faceta de Cristo Jesús que los hombres somos lentos en ver, pero un día todo el mundo sabrá que «Cetro» se levantará de Israel y que el mal quedará destruido ante su presencia con más rapidez que el hielo se derrite ante el cálido sol. Está en la naturaleza de las cosas que el pecado debe quedar consumido ante su gloriosa santidad. Es sólo el amor al pecado lo que ciega al hombre para ver la justicia consumidora de Cristo.

Examíname, oh Dios, y conoce mi corazón; pruébame y conoce mis pensamientos; y ve si hay en mí camino de perversidad, y guíame por el camino eterno (Sal. 139:23, 24). Entonces derríteme, moldéame, lléname y úsame. Amén.

EL PRÍNCIPE DEL EJÉRCITO DE JEHOVÁ

El respondió: No; mas como Príncipe del ejército de Jehová he venido ahora. *(Josué 5:14)*

Las huestes de Israel se encontraban a las puertas de la Tierra Prometida. No hay espadas desenvainadas, ni hay estrategias por parte de ellos, pero los acompaña un ejército invisible y con ese ejército el «Príncipe del ejército de Jehová». Jericó y todos los gigantes de la tierra se le someten a usted, porque «detrás de las sombras de lo desconocido está Dios cuidando de los suyos».

Príncipe del ejército de Jehová,
En el camino por donde tú has pasado,
Se inclina mi alma en humilde asombro.
Toma posesión de mí. Tu palabra es ley.

Llévame a poseer la tierra,
Que tu mano poderosa me guíe.
Sé tú mi guía, defensa y poder.
Guíame desde este momento

Guíame siempre en el camino de rectitud por amor de tu nombre. Amén.

LA ROCA DE MI SALVACIÓN

¡Viva Jehovah! ¡Bendita sea mi roca! Sea ensalzado Dios, la roca de mi salvación. *(2 Samuel 22:47, RVA)*

Ningún peligro más grave amenaza al creyente que olvidarse de que ha sido redimido, olvidar a medida que experimenta lo que la salvación costó y olvidarse de quién es la roca sólida de su fe. Para satisfacer esta necesidad nuestro Salvador se presenta a sí mismo no solamente como la Roca de la eternidad y nuestra Roca de refugio (Sal. 71:3), sino también como la «Roca de nuestra salvación». Esto es, basados en sus méritos y gracia expiatoria, somos salvos para siempre. Demos honra y gloria a su precioso nombre y no olvidemos nunca que Él fue herido por nuestras rebeliones y que cargó con el pecado de todos nosotros.

Amado Señor, que podamos tener el completo gozo y la paz al creer que nuestra salvación está edificada sobre Cristo, la Roca sólida, que permanece por los siglos. Amén.

LA LUZ DE LA MAÑANA

Será como la luz de la mañana, como el resplandor del sol en una mañana sin nubes. *(2 Samuel 23:4)*

Ningún nombre o imagen acerca de nuestro Señor podría jamás manifestarle como la provisión absoluta para nuestras necesidades. Nuestro amado Salvador no sólo es para sus discípulos como la «Estrella de la mañana», sino que cuando las luces de la noche decaen en el amanecer, Él se convierte para nosotros en la «Luz de la mañana». Cuando todos los años en la tierra hayan pasado, cuando todas las visiones terrenales se desvanezcan, cuando irrumpa la gran gloria de la mañana de nuestra vida eterna en el cielo, encontraremos que Aquel que nos ha guiado a lo largo de nuestro peregrinar en la tierra, es todavía nuestra fuente de luz y vida en el más allá.

Señor Dios, nuestro precioso Salvador, tus misericordias son nuevas cada mañana. Que la luz brillante de tu estrella de amor luzca en nuestro corazón, llenándonos de gozo al comenzar el día. Amén.

EL ÁRBRITO

> No hay entre nosotros árbitro que ponga su mano sobre nosotros dos. *(Job 9:33)*

Cuando llegue el día de rendir cuentas, cuando escuche por sus justos decretos la sentencia que merecen mis pecados, cuando esté delante del Padre, despojado de todas mis apariencias y fingimientos, no tendré ningún temor porque mi Mediador, mi Árbitro, se levantará y hablará a mi favor. ¿Puedo hacer algo menos que inclinar mi rostro y adorarle, hoy y por toda la eternidad?

Jesús, tú cubres mi pecado con tu sangre y satisfaces las demandas justas del Padre. Gracias por estar a mi favor. Que nunca el mal me separe de Dios, sino que disfrute siempre de una perfecta comunión por medio del Mediador del pacto de gracia. Amén.

MI ESCUDO

> Mas tú, Jehová, eres escudo alrededor de mí; mi gloria, y el que levanta mi cabeza. *(Salmo 3:3)*

Las tormentas de la vida nos asaltan de muchas maneras: opresión demoniaca, enfermedad, preocupaciones económicas, debilidades de todas clases. Pero nuestro gran Escudo nos protege de todo ello. Al igual que en la cruz, Cristo Jesús permanece a nuestro lado y es capaz de frenar todos los ataques del mal, del pecado y de la muerte.

Dios, permítenos que siempre, en todo momento y lugar, busquemos la protección de tu escudo poderoso con el fin de permanecer a salvo y fuertes. Amén.

MI GLORIA

Mas tú, Jehová, eres escudo alrededor de mí, mi gloria y el que levanta mi cabeza. *(Salmo 3:3)*

Que Dios es «gloria» —o «excelencia»— más allá de toda comprensión, es algo que nadie pone en duda. ¿Pero miran nuestros corazones a Dios en humilde y verdadera adoración, y conocen y proclaman la verdad: «Tú eres *mi gloria*»? Nuestra seguridad descansa en el hecho de que Él nos posee. El gozo más profundo y santo nos viene solamente cuando con humildad decimos en la hora de la adoración secreta: «Tú eres mío.»

Señor mi gloria, sé mi escudo en este día. Mi cabeza se levantará a los cielos hacia tu majestad y la sostendré en alto por causa de tu poderosa protección. Amén.

EL QUE LEVANTA MI CABEZA

Mas tú, Jehová, eres mi escudo alrededor de mí; mi gloria, y el que levanta mi cabeza. *(Salmo 3:3)*

Cuán a menudo nuestras cabezas están agachadas por causa de sentimientos de culpa, de preocupaciones y vergüenza. Deberíamos mirar a lo alto y contemplar al Dios que está por «encima» de todas las circunstancias, obrando para revelar su gloria para nuestra bendición.

Señor, tú que me has dado tu gloria,
unge mis ciegos ojos
para que pueda ver tu gloria.

Levanta mi caída cabeza,
sé mi escudo y mi luz
hasta que tu gloria radiante
haga desaparecer mi oscuridad.

Señor Jesucristo, a menudo nos gloriamos en cosas terrenales. Ayúdame a fijar mis ojos en las cosas de arriba, allí donde tú reinas, para conocer la gloria de las cosas celestiales y esperar tu venida. Amén.

MI CASTILLO

Jehová, roca mía y castillo mío, y mi libertador; Dios mío, fortaleza mía, en él confiaré; mi escudo, y la fuerza de mi salvación, mi alto refugio. *(Salmo 18:2)*

«Castillo fuerte es nuestro Dios» y el mal no le alcanza al alma que se refugia en Él. No hay ningún santo de Dios que mire hacia atrás, a todos los años de dificultades en su peregrinaje terrenal, y no diga, si es que dice la verdad: «El poder de Dios me ha guardado en todo este tiempo.» Todos nuestros fracasos y derrotas en la vida han sucedido cuando hemos buscado amparo en fortalezas terrenales en vez de en nuestro Señor.

Me refugio, Señor, en ti. Tus murallas son inexpugnables, de manera que puedo resistir los ataques del maligno y las pruebas de la vida. Oh Dios, que mi alabanza sea como incienso de olor grato para ti. Amén.

MI PASTOR

Jehová es mi pastor; nada me faltará. *(Salmo 23:1)*

Decir: «Jehová *es mi pastor*», debe llevar consigo nuestra comprensión de que no es sólo una cuestión de alabanza agradecida por la ternura y gracia infinita del gran Pastor que nos lleva a verdes pastos y aguas tranquilas, sino la confesión de nuestra propia impotencia y de la necesidad del cuidado del pastor. Es un recordatorio también de que estamos perdidos y desvalidos, hasta que

Por los montes, valles y barrancos,
    elevándose al cielo,
resonó el grito de gozo y alegría:
«¡Gozaos conmigo,
    porque he encontrado mi oveja que se había perdido!»

Señor Jesucristo, tierno pastor, dirígenos en este día en el servicio de tu reino. Aliméntanos, cuídanos, protégenos de los lobos y permítenos descansar en tus verdes prados. Amén.

MI RESTAURADOR

El restaura mi alma; me guía por senderos de justicia por amor de su nombre. *(Salmo 23:3, La Biblia de las Américas)*

Vagamos por nuestra cuenta, alejándonos de Dios, de los caminos de rectitud y de las aguas de reposo, hasta que nos extraviamos, perdemos el gozo y dejamos de oír su voz. Entonces el Maestro «restaura» nuestra alma y nos lleva de vuelta a su camino, a las sendas de rectitud.

Bondadoso Restaurador, gracias por buscarme cuando andaba extraviado y por llevarme de regreso a tus «sendas de justicia por amor de tu nombre». Dirígeme en el camino eterno como tu siervo obediente. Amén.

JEHOVÁ EL PODEROSO EN BATALLA

¿Quién es este Rey de gloria? Jehová el fuerte y valiente, Jehová el poderoso en batalla. *(Salmo 24:8)*

No se puede vivir para Dios en estos días sin enfrentar terribles conflictos. Enemigos de dentro y de fuera asaltan constantemente a los santos. Principados y potestades son desplegados contra el hijo de Dios que busca servir a su Maestro. No tenemos en nosotros mismos las fuerzas para enfrentar estas huestes del maligno, pero Jehová, el poderoso en batalla, es nuestro Salvador, nuestro Intercesor, nuestro Hermano mayor, nuestro Amigo fiel que nos acompaña constantemente.

Tengo que luchar si quiero ganar la batalla. Aumenta, Señor, mi valor y sálvame de este despliegue masivo de enemigos. Líbrame de todo mal y lléname de tu Santo Espíritu. Amén.

REY DE GLORIA

> ¿Quién es este Rey de gloria? Jehová de los ejércitos, él es el rey de la gloria. *(Salmo 24:10)*

¡Jehová Jesús es el Rey de la gloria! No simplemente *un* rey, sino el rey glorioso, que supera a todos los demás en verdad y poder, en gracia y amor. Nunca nos olvidemos de la absoluta soberanía de nuestro rey al inclinarnos en humilde adoración ante su gloria sin igual, y clamar una y otra vez: «Venga tu reino.»

Señor Jesucristo, abrimos la puerta de nuestro corazón para que tú, el Rey de gloria, pueda entrar. Tú eres nuestra esperanza de gloria. Prepáranos para que seamos glorificados contigo. Amén.

MI ROCA FUERTE

> Inclina a mí tu oído, líbrame pronto; sé tú mi roca fuerte, y fortaleza para salvarme. *(Salmo 31:2)*

Ningún dolor humano es tan profundo, tan oscuro y tan amargo como sentirse sin refugio, sin una roca, sin un lugar de retiro seguro. Por más profundo que sea nuestro dolor, por más profunda que sea nuestra oscuridad, por más desesperada que sea nuestra suerte entre los hombres, el Varón de dolores llevó nuestro pecados sobre su propio cuerpo en el madero. Él cargó con nuestro dolores. Él es nuestra Roca fuerte. Una fortaleza segura en la que estoy a salvo de la carne, del mundo y del diablo.

Señor, tú eres la roca en la que se afinca nuestro testimonio. Nada nos conmoverá porque tú eres un fundamento sólido, una fortaleza que nadie puede destruir. Amén.

MI TORRE FUERTE

Porque tú has sido mi refugio, y torre fuerte delante del enemigo. *(Salmo 61:3)*

¿Cuál es el testimonio de *nuestra* alma hoy al leer lo que otros han dicho en relación con el que ha sido una Torre fuerte frente al enemigo? ¿Se apresuró algún hijo de Dios a entrar a la presencia de la Torre fuerte y encontró alguna vez fracaso o derrota? ¿No deberíamos confesar que todos los fracasos los hemos tenido cuando nos hallábamos fuera?

Torre fuerte, que podamos entrar hoy, morar en ti y sentirnos seguros. ¿Qué habremos de temer si la seguridad de tus divinas murallas nos rodean? Amén.

UN EXTRAÑO Y DESCONOCIDO

Extraño he sido para mis hermanos, y desconocido para los hijos de mi madre. *(Salmo 69:8)*

Se convirtió en un marginado por causa nuestra a fin de que pudiéramos tener un hogar eterno con Él para siempre. Identifiquémonos con Él como extraños y desconocidos en esta tierra, con el que no fue recibido por los suyos.

Que gran precio pagó Él,
el que cargó en mi lugar;
como un «extraño y desconocido»,
solo murió en el Calvario.

Un «extraño» para hacerme a mí un amigo,
un «desconocido» para darme a mí un hogar.
Amado extraño, caigo a tus pies,
nunca más de ti me apartaré.

Señor Jesús, que seamos extraños en el mundo a fin de ser tus amigos, el que no tuvo donde reclinar su cabeza. Que no amemos el mundo. Amén.

EL HIJO DEL REY

> Oh Dios, da tus juicios al rey, y tu justicia al hijo del rey. *(Salmo 72:1)*

Cuán escasamente rendimos el homenaje que debemos a Dios como *Rey* y a Jesús como su *Hijo*. Inclinamos nuestras cabezas y nos quitamos el sombrero para rendir homenaje al poder fugaz e insignificante de los grandes hombres en la tierra, pero ¿nos inclinamos humilde y reverentemente ante el *Hijo del Rey* cuando entramos a la casa de Dios? ¿Son acallados los pensamientos terrenos y silenciadas las voces humanas cuando nos reunimos en la casa de Dios? Incluso cuando los que nos dirigen en la adoración expresan a Cristo nuestros deseos, ¿permitimos que la mente divague por pensamientos terrenales privándonos así de la bendición y de la respuesta a nuestras oraciones?

Señor, enséñanos a orar, para que de verdad te adoremos. Que nos demos cuenta de que estamos hablando con el Hijo del Dios Altísimo. Atráenos a ti y escucha nuestra oraciones imperfectas a fin de que hallemos misericordia. Amén.

EL PRIMOGÉNITO DE DIOS

> Yo también le pondré por primogénito, el más excelso de los reyes de la tierra. *(Salmo 89:27)*

«Quita tu calzado de tus pies, porque el lugar en que tú estás, tierra santa es» (Éx. 3:5). Dios, el Padre eterno, habla: «A mi primogénito le pondré más alto que los reyes de la tierra.» Nosotros, hijos también del Padre por adopción, tenemos al Primogénito como nuestro Hermano mayor. Hemos tenido parte en su humillación que nos lleva a la salvación; pero también compartiremos su exaltación que nos lleva a su eterna gloria.

Te adoramos, Señor Jesucristo, ¡Primogénito de Dios! Te damos gracias porque nos has hecho nacer de nuevo, dándonos de tu vida y haciéndonos partícipes de tu gloria. Amén.

LA PIEDRA CABEZA DEL ÁNGULO

> La piedra que desecharon los edificadores ha venido a ser cabeza del ángulo. *(Salmo 118:22)*

Los hombres pueden rechazar la «Piedra angular» y pensar que pueden construir un edificio que permanecerá sin el Cristo vivo; pero Dios ha puesto a un lado todos los planes humanos y ha hecho a nuestro Señor y Salvador la «Piedra cabeza del ángulo». Cuando todas las edificaciones humanas se desmoronan y todos los arquitectos humanos fracasan, todos los corazones se inclinan ante aquel edificio perfecto, aquel templo eterno, adorando a Aquel que es su corona de gracia.

Tú sólo, Señor, puedes levantar aquel edificio que nos une a todos como la verdadera casa de Dios. Edifícanos sobre la Piedra angular como un templo sólido para morada de Dios en Espíritu.

FORTALEZA MÍA

> Misericordia mía y mi castillo, fortaleza mía y mi libertador, escudo mío, en quien he confiado; el que sujeta a mi pueblo debajo de mí. *(Salmo 144:2)*

«Fortaleza mía» es una visión de nuestro glorioso Salvador como el Altísimo (Sal. 91:1), el que está por encima de nuestras pruebas, por encima de nuestras tentaciones, por encima de nuestros enemigos, por encima de nuestros fracasos y pérdidas, por encima de las preocupaciones y cuidados de nuestra vida terrenal. Es un lugar de santa paz, sosiego y serenidad. La puerta está abierta.

Señor Jesucristo, nuestra Fortaleza, déjanos entrar hoy. Solamente entonces escaparemos de la derrota que viene al carecer de tu protección. Déjanos mirar desde tus altas almenas a nuestros enemigos y nuestras luchas. Amén.

ENALTECIDO

> Alaben el nombre de Jehová, porque sólo su nombre es enaltecido. *(Salmo 148:13)*

Sólo su nombre es enaltecido porque Él sobresale por encima de todos los demás, y todos sus nombres que representan algún aspecto de su gracia son gloriosos porque superan a todos los demás nombres que han sido pronunciados por los hombres. ¿Qué amigo o ayudador conocemos en la tierra que alguna vez haya llegado o pueda llegar a ser como Él? Nos unimos con profundo gozo al testimonio del salmista: «En ti confiarán los que conocen tu nombre» (Sal. 9:10).

De muchos se podrá decir que son buenos, pero sólo tú mereces ser enaltecido, porque tu nombre es Admirable y superas a todos los demás. Por medio de tu gracia participaremos de tu perfección y bendiciones. Amamos y reverenciamos tu nombre. Amén.

AMIGO MÁS QUE UN HERMANO

> El hombre que tiene amigos ha de mostrarse amigo; y amigo hay más unido que un hermano. *(Proverbios 18:24)*

Peregrino solitario que andas buscando compañía y comunión, aquí te encontrarás con un «Amigo». Hay *un* Amigo aunque el mundo lo niegue. Un Amigo que es siempre fiel y verdadero. Alguien que nunca te deja ni te olvida. Ningún hermano estará contigo, ni puede estar, como Él lo hace. ¿Serás amigo de Cristo como Él lo es para contigo?

Te adoramos, Jesús, Amigo, confiamos plenamente en ti, y recibimos de ti todo la paz, la gracia y el poder que necesitamos para ser y para hacer lo que a ti te agrada. Tú nos has llamado amigos más que siervos. Ayúdanos para estar a la altura que tú nos ves y nos tratas. Amén.

TU NOMBRE ES COMO UN UNGÜENTO DERRAMADO

A más del olor de tus suaves ungüentos, tu nombre es como ungüento derramado. *(Cantares 1:3)*

¿Está su alma dolorida por el pecado, por heridas sufridas o por los dardos envenenados de Satanás, de los pecadores, o de los santos? Entonces el Señor es para usted como un «ungüento derramado», listo para usted, gratuito, abundante, sanador, fragante. Alma que sufre, acérquese a Él y deje que ese Ungüento sanador se derrame sobre usted para su alivio y curación.

Señor Jesucristo, venda las heridas de nuestra alma causadas por el pecado o las ofensas. Solamente tú puedes proveer de un bálsamo calmante de sanidad y perdón para todas nuestras penas y dolores. Amén.

UN MANOJITO DE MIRRA

Mi amado es para mí un manojito de mirra. *(Cantares 1:13)*

Usted que está rodeado de los vapores sofocantes del mal en esta tierra, su Señor es como un perfume exquisito, «un manojito de mirra». Un misionero que caminaba pesadamente por una senda tortuosa en la nochc, dc pronto llega a un lugar donde el aire estaba lleno del perfume de jazmines silvestres y se sintió confortado y refrescado por la fragancia preservada para un obrero fatigado. Tú eres, Señor, como una fragancia refrescante, como «un manojito de mira».

Señor, tu misericordia, tu amor y tu compasión son los perfumes más preciados de nuestra vida. Úngenos para que seamos tus sacerdotes en la adoración. Amén.

RACIMO DE FLORES DE ALHEÑA

Racimo de flores de alheña en las viñas de En-gadi es para mí mi amado. *(Cantares 1:14)*

Cristo es aquí comparado a un ramillete de flores de exquisita belleza y abundante fragancia. Cuando lucha en medio de experiencias que no son fragantes ni agradables, ¿ha aprendido a volverse a Aquel quien en medio de las tinieblas, es luz; en medio de la batalla, es paz; en medio de situaciones desagradables, es exquisita e ilimitada delicia? ¿Conoce a su Señor como un «Racimo de flores de alheña»? Familiarícese con Él y disfrute de su paz.

Señor, la belleza de tu santidad va más allá de lo que podemos percibir. Que la fragancia de tu presencia llene hoy nuestros sentidos espirituales y nos lleve a alabarte con mayor fervor. Amén.

LA ROSA DE SARÓN

Yo soy la rosa de Sarón. *(Cantares 2:1)*

Hijo de Dios, no hay circunstancia en su vida en la que Cristo falle en satisfacer sus necesidades, en iluminar su vida como una rosa radiante. En alegría o en dolor, en luz o en sombra, en el día o en la noche, Él florece para usted. Mírelo bien, no sólo en la cruz donde estuvo por usted, no sólo en el trono, sino cerca de usted, a su lado en el camino, es «La Rosa de Sarón».

Amado Cristo, nuestro Señor, florece en los lugares áridos de nuestra vida que no te hemos rendido y haz que sea allí conocida la fragancia de tu amor y de tu sanidad. Amén.

EL LIRIO DE LOS VALLES

Yo soy... el lirio de los valles. *(Cantares 2:1)*

Es la más dulce, fina y exquisita de las flores que el ojo humano ha visto, oculta excepto para los ojos que la buscan. El Señor se revela a sí mismo de la misma manera, incluso aunque usted camine por los valles. Sólo en esas profundas sombras puede conocer su absoluta belleza. ¡Contémplele y «no tema»!

Señor, tú te manifiestas a ti mismo en todas las bellezas de la naturaleza. Que tu belleza y tu gracia penetre en cada parte de nuestra vida a fin de que podamos reflejar tu encanto. Amén.

EL QUE AMA MI ALMA

Me levantaré ahora, y rodearé por la ciudad; por las calles y por las plazas; buscaré al que ama mi alma. *(Cantares 3:2)*

Deberíamos buscar al Señor en cada vuelta y recodo, en cada senda por la que nos lleva en esta vida.

No en la vacilante multitud,
ni en el canto ostentoso,
sino de rodillas ante Cristo,
humildemente diré: «Señor, te amo.»

No sólo con mis labios,
no por tus dones que poseo,
sino por la gracia que veo,
Jesús, mi alma te ama. Amén.

Señor, llena nuestra alma con tu amor puro a fin de que verdaderamente podamos decir que eres nuestro amado y corresponder a tu amor de palabra y de hecho. Amén.

SEÑALADO ENTRE DIEZ MIL

Mi amado es blanco y rubio, señalado entre diez mil. *(Cantares 5:10)*

¿Cantamos algunas veces con poca sinceridad: «Mi amado es distinguido entre diez mil»? ¿Es Él realmente el primero en nuestro corazón? Si es así, su presencia ha sido verdadera para nosotros porque Él ha dicho: «Me buscaréis y me hallaréis, porque me buscaréis de todo vuestro corazón.» El secreto de una comunión completamente transformadora con nuestro Señor Jesucristo lo encontramos en contemplarle en toda la belleza de su santidad, hasta que Él en verdad llega a ser en nuestro corazón el «Señalado entre diez mil».

Amado Cristo, que te deseemos por encima de las miles de tentaciones y distracciones que nos presenta la vida. Solamente tú nos proporcionas la verdadera satisfacción y realización. Amén.

TODO ÉL ES DESEABLE

Todo él es deseable. *(Cantares 5:16, RVA)*

No hay ninguna porción de nuestro Señor Jesucristo —su vida o sus palabras— que no sea perfecta, pura y bella.

Toda delicia humana palidecerá,
toda amistad humana caerá.
Sólo Cristo es al final
el Amigo «todo él deseable».

¿Ves su rostro maravilloso,
lleno de gloria, amor y gracia?
Mírale y confíale todas tus necesidades,
adórale en su santidad pura.

Señor, es difícil ver tu belleza cuando estamos marcados con la fealdad del pecado. Purifícanos y haznos más conforme a tu semejanza para que podamos reflejar tu belleza. Amén.

EL RENUEVO DE JEHOVÁ

En aquel tiempo el renuevo de Jehová será para hermosura y gloria. *(Isaías 4:2)*

En cada cuadro o imagen que podamos comprender el Espíritu revela la unidad del Salvador con Dios. Ninguna es más clara o llena de significado para nosotros que esta del «renuevo de Jehová». Uno con el Padre, creciendo aparte y con todo una parte de Él. Y nosotros somos «ramas» de Cristo (véase Juan 15). Al adorar al Cristo que es verdaderamente Dios, le escuchamos decir: «Si permanecéis en mí... pedid todo lo que queréis, y os será hecho» (Jn. 15:7).

Jesucristo, se parte de todo lo que hacemos o decimos, y que tu vida fluya en nosotros para que seamos uno contigo, así como con el Padre y el Espíritu Santo. Amén.

JEHOVÁ DE LOS EJÉRCITOS

Y el uno al otro daba voces, diciendo: Santo, santo, santo, Jehová de los ejércitos; toda la tierra está llena de su gloria. *(Isaías 6:3)*

El «Jehová» del Antiguo Testamento es el «Jesús» del Nuevo. Si siempre pensáramos (como Scofield sugiere) de Jehová como «Dios revelándose a sí mismo» y en las palabras de «Jehová-Jesús». «Bienaventurados los de limpio corazón, porque ellos verán a Dios», entonces los cielos que están sobre nosotros los veríamos siempre llenos de carros y jinetes del Señor de los ejércitos, todos los temores quedarían acallados y su revelación de sí mismo a nosotros no sería en vano.

Señor Jesús, Jehová de los ejércitos, danos una visión de tu gloria en este día. Que experimentemos tu poder omnipotente y que exclamemos: «Santo, santo, santo», adorándote en este día. Amén.

EL NIÑO

> Porque antes que el niño sepa desechar lo malo y escoger lo bueno, la tierra de los dos reyes que tú temes será abandonada. *(Isaías 7:16)*

La primera, la última y la señal principal de la deidad de Cristo era su gran humildad. El gran Sabio y Vidente de todos las edades, «¡un niño!» El Dios eterno, de cabello blancos con años eternos, «¡un niño!» ¿Vacilaremos entonces en «hacernos como niños pequeños», sabiendo que sólo así entraremos en el reino de los cielos?

Señor, ayúdanos a ser como niños pequeños con un corazón puro y confiado, y con amor espontáneo por el Niño que se hizo hombre para morir por nosotros. Amén.

UN SANTUARIO

> Entonces él será por santuario. *(Isaías 8:14)*

¿Dónde está su lugar de adoración? ¿En la confusión de la calle, en el ajetreo del hogar, en las prisas y agitación de la humanidad? ¿Dónde encontrará su alma el lugar de oración? «Él será por santuario» nos dice que está más cerca de usted que la respiración, más próximo que las manos y los pies. En cualquier momento durante todo el ajetreo del día, usted puede alejarse del ruido y las exigencias terrenales, y en un lugar de serenidad y tranquilidad morar en Él.

Jesucristo, retirémonos al lugar sagrado porque tú estás a mi lado, más cerca que nuestra respiración y todavía intercediendo ante el Padre. Te amamos, Señor. Amén.

UNA GRAN LUZ

El pueblo que andaba en tinieblas vio gran luz; los que moraban en tierra de sombra de muerte, luz resplandeció sobre ellos. *(Isaías 9:2)*

Los que una vez anduvieron en tinieblas son los que pueden ver una gran luz. Es el alma que se da cuenta de que está perdida la que busca al Señor. ¿Ha visto usted la luz? El apóstol del amor dice: «Lo que hemos visto y oído, eso os anunciamos... Este es el mensaje que hemos oído de él, y os anunciamos: Dios es luz, y no hay ningunas tinieblas en él» (1 Jn. 1:3, 5).

Señor, permite que mi vida y mis labios cuenten la historia de la Luz que mis ojos han visto. Que el resplandor de tu luz me dirija en tu camino, lejos de la senda de muerte. Amén.

ADMIRABLE

Porque un niño nos es nacido, hijo nos es dado... y se llamará su nombre Admirable. *(Isaías 9:6)*

«Jesucristo es el mismo ayer, y hoy, y por los siglos» (He. 13:8), y los que piensan que Él es sólo un hombre como los demás o a lo sumo un hombre poco común, un día comparecerán avergonzados y abrumados al escuchar el cumplimiento de esta profecía: «Y se llamará su nombre *Admirable*.» Hoy Él está realizando obras tan prodigiosas como las que llevó a cabo cuando creó los cielos y la tierra. Su gracia maravillosa, su portentosa omnipotencia, está también disponible hoy para su hijo que le necesita y que confía en Él. Emprenda grandes cosas para Dios y espere grandes cosas de Él, y usted empezará a decir, incluso ahora, que su nombre es Admirable.

Verdaderamente, Señor, tu persona y tus obras nos hacen maravillarnos. Inclinémonos ante su presencia y contemplemos sus tremendos atributos. Amén.

CONSEJERO

Porque un niño nos es nacido, hijo nos es dado... y se llamará su nombre... Consejero. *(Isaías 9:6)*

Hoy no le llamamos a menudo «Consejero». Incluso los santos de Dios preguntan a los hombres en vez de a Dios: «¿Cómo puedo saber cuál es la voluntad de Dios?» Se celebra conferencia tras conferencia, tanto por el mundo como por la iglesia, para encontrar mediante la sabiduría humana mejores planes para el gobierno terrenal, o para la iglesia, o para el bienestar de nuestra vida y el funcionamiento en la tierra. Pero cuán rara vez nos inclinamos juntos o solos para buscar la sabiduría celestial, aquel divino consejo, que es el único que nos puede capacitar para salir de los laberintos en los que vagamos. ¿Cuándo va a ser su nombre de «Consejero» proclamado gozosa y triunfantemente por su pueblo? ¿Por usted?

Señor Jesús, danos consejo sabio para todas las decisiones y retos que enfrentamos hoy, y concédenos sabiduría y dirección para hacer tu voluntad. Amén.

DIOS FUERTE

Porque un niño nos es nacido, hijo nos es dado... y se llamará su nombre... Dios Fuerte. *(Isaías 9:6)*

¿Hemos dudado de su poder y hemos temblado en el día cuando algún enemigo estaba cerca? Su nombre es «Dios fuerte». ¡Eche fuera todos sus temores! Él ha creado el cielo y la tierra, y nada hay que sea imposible para Él.

Señor, me inclino hasta el polvo y te adoro. Dios fuerte, muestra tu poder en mí. Tu poder se perfecciona en mi debilidad y tú has prometido que eso es lo que harás. Amén.

PADRE ETERNO

> Porque un niño nos es nacido, hijo nos es dado... y se llamará su nombre... Padre Eterno. *(Isaías 9:6)*

¿Quién ha llorado la muerte de un padre y ha sentido la pérdida de su poder temporal y de su ayuda? El Niño que nació en Belén, que dio su vida por usted, no es sólo Salvador y Rey, sino que «se llamará su nombre... *Padre Eterno*». En su amor eterno, dentro de sus brazos eternos, dentro de su corazón de Padre lleno de misericordia, usted, su hijo, encontrará seguridad, descanso y consolación.

Amado Dios, te damos gracias por el amor sin fin que tienes por tus hijos. Nos maravillamos de como el Niño Cristo Jesús puede ser también conocido como nuestro Padre eterno. Amén.

PRÍNCIPE DE PAZ

> Porque un niño nos es nacido, hijo nos es dado... y se llamará su nombre... Príncipe de Paz. *(Isaías 9:6)*

El que ha proclamado a corazones fieles: «La paz os dejo, mi paz os doy; yo no os la doy como el mundo la da», es por derecho propio el «Príncipe de Paz». El que trajo tal paz a la tierra fue rechazado por los hombres y todavía espera ser coronado en la tierra; pero antes de ese gran día, Él da a todo corazón que confía una paz que sobrepasa todo entendimiento. ¿La ha recibido usted? ¿Aceptará hoy, en lealtad hacia el «Príncipe de Paz», su paz con fe humilde?

Te agradecemos, Príncipe omnipotente, que tú que viniste a luchar contra el enemigo de nuestra alma has creado la paz entre nosotros y el Padre. Que tu paz abunde y more profundamente en nuestro corazón. Amén.

LA LUZ DE ISRAEL

Y la luz de Israel será por fuego, y su Santo por llama, que abrase y consuma en un día sus cardos y sus espinos. *(Isaías 10:17)*

Jesús era y es la «Luz de Israel». Él es también la «Luz de la vida» y la «Luz de los hombres», una «Luz para iluminar el mundo». Pero la «Luz de Israel» era para abrasar y consumir cardos y espinos. Amado hijo de Dios, ¿está llevando las ramas inútiles, las cosas feas y desagradables de su vida ante la Luz de su presencia para que puedan ser consumidas? Un día el resplandor de su presencia destruirá al promotor y defensor del mal. ¿Someteremos nuestra vida a esa Luz maravillosa y le pediremos que consuma todo el mal que haya en nosotros?

Señor, tu presencia es tanto luz como fuego dentro de nosotros. Que arda con mayor esplendor y pueda crear un claro reflejo de tu majestad. Amén.

UNA VARA DEL TRONCO DE ISAÍ

Saldrá una vara del tronco de Isaí, y un vástago retoñará de sus raíces. *(Isaías 11:1)*

¿Sólo una «vara» de un «tronco» humano? ¿Sólo una «raíz» de «tierra seca»? ¿«No hay en él parecer, ni hermosura» para que le deseemos? «Ciertamente... sufrió nuestros dolores», «el castigo de nuestra paz fue sobre él». «Porque él se humilló tanto Dios lo exaltó hasta lo sumo», y la belleza de esta tierna planta era la gloria de Dios en las alturas.

Señor, con tu vara dirígenos y corrígenos a fin de que por medio de tu amorosa disciplina estemos preparados para entrar en tu reino. Amén.

UN VÁSTAGO RETOÑARÁ DE SUS RAÍCES

Y un vástago retoñará de sus raíces. *(Isaías 11:1)*

De todos los milagros que prueban la deidad de nuestro Señor, incluso la preservación milagrosa de las Escrituras, ninguno es más maravilloso ni convincente para el corazón sincero y fiel que la preservación, no sólo de Israel, sino de aquella sección de Israel, humilde en su origen, que revela que nuestro Señor nació de la familia de David y de Isaí. De las naciones esparcidas por la tierra, de la línea de reyes que hace tanto tiempo dejaron de reinar, brotó, como el profeta dijo: «Un vástago de sus raíces dará fruto» del tronco de Isaí. Y con la misma seguridad, el era de la simiente de David volverá de nuevo para reinar sobre Israel, y por medio de Israel sobre toda la tierra.

Señor, nuestros débiles corazones creen en la verdad y en la fidelidad eterna de Dios. Preservanos como un remanente para servirte a ti y extender tu reino. Amén.

LA RAÍZ DE ISAÍ

Acontecerá en aquel tiempo que la raíz de Isaí... será buscada por las gentes; y su habitación será gloriosa. *(Isaías 11:10)*

No sólo se regocijará Israel cuando la Raíz de Isaí permanezca como una señal para los pueblos, porque «será buscada por las gentes», y todas las benditas promesas y dones que Dios dio a Isaí, David y a su simiente que pueden traer descanso y consuelo a nuestra alma pertenecen a los que adoran a Jesucristo, hijo de David y raíz de Isaí. De qué manera la gracia y la gloria de nuestro Dios manifestada a través de los siglos es recogida para nosotros, el mundo gentil, y nos hincamos a sus pies y hallamos su descanso glorioso.

Señor Jesucristo, gracias por el plan del Padre de proveer un Mesías por medio de una larga línea de hombres justos. Que nosotros, la iglesia, continuemos tu linaje y vivamos a la altura de tu llamamiento. Amén.

PENDÓN A LOS PUEBLOS

> **Acontecerá en aquel tiempo que la raíz de Isaí, la cual estará puesta por pendón a los pueblos, será buscada por las gentes; y su habitación gloriosa.** *(Isaías 11:10)*

Jesús es la bandera de las gentes, «Pendón a los pueblos». En dondequiera y cuandoquiera que Cristo es levantado, los pueblos le buscan. ¿No se deberá nuestro fracaso en ganar muchos para el Señor a que no lo representamos bien? ¿A nuestro fallo en revelar la belleza de su santidad y a entrar en su bendito descanso? Reconozcamos humildemente nuestro fallo y propongámonos que por su gracia y misericordia no distorsionaremos lo que Él es mediante vidas que son diferentes a la suya. Busquemos exaltarle entre los inconversos en todo momento y lugar.

Señor Dios, tu bandera sobre nosotros es amor. Que vivamos bajo la señal de tu santidad y llevemos tus colores con orgullo al marchar por la vida dando testimonio de ti. Amén.

JEHOVÁ

> He aquí Dios es salvación mía; me aseguraré y no temeré; porque mi fortaleza y mi canción es JAH Jehová, quien ha sido salvación para mí. *(Isaías 12:2)*

Jehová, «el Ser supremo que existe por sí mismo y se revela a sus criaturas». Él me vino a buscar cuando me hallaba perdido en el camino desierto y me sacó de allí. Jehová entró en el desierto de mi vida árida e hizo del desierto un jardín. Él da vida nueva a lo que está muerto en mí y a mis sentidos sin vida. Él se revela como el Dios eterno. ¿No nos inclinaremos ante su Majestad y adoraremos a Jehová, mientras oramos pidiendo más gracia para recibir toda la revelación de sí mismo que Él está dispuesto a darnos?

Señor, que preparemos tu camino en una tierra seca y árida, haciendo que sea evidente para todos. Tú eres el camino, la verdad y la vida. Amén.

MI FORTALEZA Y MI CANCIÓN

He aquí Dios es salvación mía; me aseguraré y no temeré; porque mi fortaleza y mi canción es JAH Jehová, quien ha sido salvación para mí. *(Isaías 12:2)*

Sabemos que Jehová es nuestra «Fortaleza», pero ¿hacemos que sea también nuestra «Canción»? Al hacer que Él lo sea y cantar acerca de Él, perdemos nuestros temores. Somos capaces de «confiar y no temer» sólo cuando cantamos acerca de Él. Nuestro redentor es nuestra «fortaleza». Hagamos hoy también de Él nuestra «canción».

Señor, tú que eres nuestra fortaleza, deseamos que seas hoy nuestra canción, llena de alabanza a tu nombre. Cantaremos de Jehová, nuestra gran fortaleza en tiempo de necesidad. Amén.

UN CLAVO EN LUGAR FIRME

Y lo hincaré como clavo en lugar firme; y será por asiento de honra a la casa de su padre. *(Isaías 22:23)*

Podemos imaginarnos muchas cosas acerca de Cristo como un «Clavo en lugar firme». Sea lo que sea que este nombre pueda o no pueda significar, le trae al hijo de Dios que adora un sentido de la firmeza, seguridad y certidumbre de Cristo Jesús en su relación con el templo y el trono de Dios. Si en la tierra estamos siendo edificados todos juntos como un templo para Dios, mucho más seguro es todavía el hecho de la presencia de Cristo llenando ese templo. Si somos columnas que permanecemos es debido a que Él es sólido, su lugar está bien firme y asegurado. De manera que siempre estaremos con el Señor, porque donde Él esté, también estarán sus discípulos, sus amigos. Nuestra presencia allí es tan segura como la de Cristo.

Señor, tú mantienes todas las cosas juntas mediante el poder de tu palabra. Sujétanos a ti para que nunca nos separemos de ti. Une nuestro corazón al tuyo. Amén.

ASIENTO DE HONRA

Y será por asiento de honra a la casa de su padre. *(Isaías 22:23)*

Una de las imágenes más vívidas que nos ha dado el Espíritu Santo de la vida venidera la encontramos en Apocalipsis: la veloz y extraordinaria visión de la iglesia en la tierra (Ap. 4:2, 3): «He aquí, un trono establecido en el cielo... y había alrededor del trono un arco iris.» El arco iris nos trae esperanza y consuelo, y la promesa gloriosa y preciosa de que nuestro Señor mismo es: «Trono de honra para la casa de su Padre.» Nunca más le resulte difícil orar. El trono ante el cual se inclina no es uno de justicia austera, sino de gracia infinita. Vayamos, pues, confiadamente al trono de gracia, a fin de obtener misericordia y el oportuno socorro.

Amado Cristo Jesús, tú que estás sentado a la diestra del Padre, intercede desde ese lugar de belleza gloriosa —tu trono en el cielo— donde reinaremos contigo por toda la eternidad. Amén.

FORTALEZA AL POBRE

Porque fuiste fortaleza al pobre, fortaleza al menesteroso en su aflicción. *(Isaías 25:4)*

Nuestro Señor, conmovido por nuestras debilidades, se convierte en su omnipotencia en una «Fortaleza para el pobre y el menesteroso». No olvidemos nunca que su fortaleza se perfecciona en nuestra debilidad solamente cuando nos damos cuenta de nuestra impotencia y nos arrojamos, como hijos confiados, en los brazos extendidos que han creado el cielo y la tierra. ¡Con qué imagen tan maravillosa se ha revelado el Señor a sí mismo como la provisión para todas nuestras necesidades y «fortaleza para el pobre»!

Señor, apartados de ti somos pobres, débiles, ciegos y desnudos. Vístenos, aliméntanos y fortalécenos con tu provisión sin fin. Amén.

SOMBRA CONTRA EL CALOR

Porque fuiste... sombra contra el calor. *(Isaías 25:4)*

En el calor insoportable del sol cuando cae sobre ciertas zonas, uno puede pasar del calor intolerable a la sombra tan refrescante, que hasta que no se experimenta es casi imposible de imaginar o creer. Eso es nuestro Señor, según esta imagen bíblica, para sus discípulos trabajados y cansados, luchando por seguir adelante en el calor de experiencias casi imposibles de soportar. Es como «Sombra contra el calor», a cuya presencia podemos pasar en cualquier momento durante nuestro peregrinaje y encontrar descanso refrescante y renovador.

Amado Señor Jesús, el calor de nuestros esfuerzos y dificultades nos fatiga. Permite que la sombra fresca de tu presencia nos refresque y nos renueve, y ayúdanos a perseverar. Amén.

REFUGIO CONTRA EL TURBIÓN

Porque fuiste... refugio contra el turbión... porque el ímpetu de los violentos es como un turbión contra el muro. *(Isaías 25:4)*

«Fiel es Dios, que no os dejará ser tentados más de lo que podáis resistir, sino que dará también juntamente con la tentación la salida —un "refugio contra el turbión"— para que podáis soportar.» Es necesario que pasemos por medio de tormentas y que sintamos su poderoso impacto, porque sólo en tales experiencias podemos llegar a conocer el consuelo y el testimonio de quien es nuestro «Refugio contra el turbión». ¿Estamos refugiados en Él?

Señor, ayúdanos a sobrellevar todas las tormentas de esta vida, porque, sin importar lo que pueda ocurrir, tú eres nuestro refugio. Tú que eres nuestro Libertador, provéenos de escape en cada peligro. Amén.

LA FORTALEZA DE LOS SIGLOS

En Jehová el Señor está la fortaleza de los siglos. (Isaías 26:4)

Muchos de los edificios de la Universidad de Oxford, con cientos de años de antigüedad, fueron descritos por un estudiante hace más de medio siglo como un «leproso con antigüedad». Muchos edificios se están desmoronando y deben ser reparados a fin de salvarlos. Las rocas más fuertes en las cuales los hombres entierran a sus amigos que fallecen son a veces quebradas por plantas que crecen. Pero el que nos llama a que «[confiemos] en Jehová perpetuamente» se llama a sí mismo la «Fortaleza de los siglos» o la «Roca de la eternidad». Confiemos en Él hoy, mañana y siempre.

Señor Jesús, no hay ni mancha ni arruga en ti. Eres sólido, puro y eterno. Ayúdanos a morar en ti. Amén.

CORONA DE GLORIA

En aquel día Jehová de los ejércitos será por corona de gloria... al remanente de su pueblo. *(Isaías 28:5)*

Oímos y pensamos mucho acerca de los santos redimidos y fructíferos brillando como estrellas en la corona de nuestro Señor, pero en este precioso título de nuestro glorioso Salvador tenemos una nueva visión de su relación con su pueblo. Las almas que han sido oprimidas y escarnecidas por los que el mundo llama grandes encontrarán en aquel día que el Rey de gloria será para ellos ante todos un testigo, una «Corona de gloria». Usted que ha sido redimido de entre los perdidos, que estaba muerto pero ahora vive, estaba perdido pero fue hallado, ¡gócese en esta gracia maravillosa!

Señor Dios, que tengamos el deseo de cargar con la cruz a fin de poder llevar la corona. Que cada uno llegue a ser una piedra preciosa en tu diadema, para que, a semejanza tuya, brille como el sol. Amén.

DIADEMA DE HERMOSURA

En aquel día Jehová de los ejércitos será por corona de gloria y diadema de hermosura al remanente de su pueblo. (*Isaías 28:5*)

La diferencia entre una Corona de gloria y una Diadema de hermosura es que en la primera la excelencia, el valor, la gloria de Dios estará en los santos. En la otra, la belleza, el auténtico resplandor del Señor, llenará y brotará de los que, en un momento, en un abrir y cerrar de ojos, serán transformados en su semejanza. Humilde hijo de Dios, contemple la gracia que sobrepasa toda expectativa que será revelada en las edades venideras. La belleza del Señor nuestro Dios se manifestará en usted, y Él será una corona o una «Diadema de hermosura» en usted. «Y todo aquel que tiene esta esperanza en él, se purifica a sí mismo, así como él es puro» (1 Jn. 3:3).

Señor, es tremendo imaginarse que compartiremos tu belleza. Gracias porque tu belleza, que es imperfecta en nosotros ahora, brillará perfectamente un día. Amén.

CIMIENTO ESTABLE

Por tanto, Jehová el Señor dice así: He aquí que yo he puesto en Sion... cimiento estable; el que creyere, no se apresure. (*Isaías 28:16*)

Todas las experiencias de labrado, cincelado y pulimento por las que pasamos son costosas. ¿Permanecerán? ¿Merece la pena? Vale la pena sufrirlo y decir: «Amado Señor, no dejes de confortarnos y afirmarnos.» El Señor es llamado «Cimiento estable» porque pasó a través de esos tiempos de prueba. Aquí no hay lugar para experimentos, dudas, ansiedades o temores. El que edifica sobre este «Cimiento estable» encuentra que su obra es firme y será una columna en el templo de Dios.

Señor, no hay otro fundamento sobre el que pueda edificarse nuestra fe, y tus promesas son verdaderas y eficaces en medio de las pruebas. Gracias, Dios. Amén.

UNA PIEDRA PROBADA

Por tanto, Jehová el Señor dice así: He aquí que yo he puesto en Sion por fundamento una piedra, piedra probada, angular, preciosa. (Isaías 28:16)

¡Cuán extraña es esta experiencia de nuestro Señor! El Padre conocía, sin duda alguna, al Hijo, conocía cada una de sus habilidades y poder. No obstante, fue probado por Dios como nosotros lo necesitamos también, con el fin de «[dejarnos] ejemplo para que sigáis sus pisadas» (1 P. 2:21). ¡Qué afrenta, qué blasfemia, que Él fuera rechazado por algunos edificadores de sus vidas! Pidámosle al gran Maestro edificador que nos pruebe, que nos cincele hasta que encajemos bien en el lugar que ha preparado para nosotros.

Señor Jesús, tú has pasado la prueba de la fidelidad. Haznos piedras sólidas mediante tu gracia y poder. Amén.

UN ESCONDEDERO CONTRA EL VIENTO

Y será aquel varón como escondedero contra el viento. *(Isaías 32:2)*

Un viajero, que se hallaba un día en la cubierta de un barco en el puerto de Adén, vio una tormenta de viento que avanzaba barriendo el desierto como si fuera una ola gigantesca que entraba en el mar formando montañas de espuma. Después cruzó la bahía golpeando a todos los barcos que allí había anclados, hasta que casi todos fueron soltados de sus amarras o forzados a soltarse de todos los cables y encarar la fuerza del viento con toda la potencia de sus motores. No había lugar para esconderse. De la misma manera, las tormentas de odio, maldad y pecado pasan por nuestra vida mientras vamos caminando hacia nuestro hogar eterno. Pero toda alma que conoce su propia impotencia, nuestro Salvador es para ella un «Escondedero contra el viento».

Nuestro gran Dios, los vientos de las tentaciones y de la adversidad nos azotan con todo su poder. Ponnos en un lugar seguro y sereno para experimentar tu gracia y poder. Amén.

SOMBRA DE UN GRAN PEÑASCO EN TIERRA CALUROSA

Y será aquel varón… como sombra de gran peñasco en tierra calurosa. *(Isaías 32:2)*

Cuando viajaba una noche por el desierto en África Central en una sección plagada de animales voraces, no encontramos un lugar seguro hasta que llegamos a una gran roca, donde nos sentamos apoyando nuestras espaldas en la roca. Encendimos una gran hoguera a nuestros pies y allí encontramos descanso reparador para el día siguiente de aquella jornada agotadora. Cansado hijo de Dios, cuando sus fuerzas fallan y ya no puede avanzar más, siéntese y apoye su espalda sobre la roca, a la sombra de su Señor. Encienda allí en oración el fuego de la fe y encuentre descanso y renovación en su marcha hacia el hogar eterno.

Escóndenos, Señor, en las hendiduras de la Roca que es más alta que nosotros. Que nada estorbe en nuestra vida en el camino hacia tu presencia que es como una roca. Amén.

ARROYOS DE AGUAS EN TIERRA DE SEQUEDAD

Y será aquel varón… como arroyos de aguas en tierra de sequedad. *(Isaías 32:2)*

Sólo los que han padecido gran sed saben lo que es la bendición del agua en abundancia. Dos misioneros se extraviaron una vez en el desierto africano y vagaban sin agua hasta que la sed llegó a ser agobiante y dolorosa, después se convirtió en agonía y más tarde en casi locura. Después de una larga marcha sobre arenas secas y ardientes, llegaron a un río ancho y profundo en el que saciaron su sed. «Si alguno tiene sed, venga a mí y beba», y Él siempre está cerca. No importa cuán grande sea nuestra sed, cuán grandes nuestros anhelos o necesidades, el que se llama «Arroyos de aguas en tierra de sequedad» ha dicho: «Ven, bebe y sáciate.»

Nuestro amado Salvador, no podemos vivir sin el agua de vida. Que nuestro espíritu se sacie del agua abundante que lleva a la vida eterna. Amén.

EL REY EN SU HERMOSURA

> Tus ojos verán al Rey en su hermosura; verán la tierra que está lejos. *(Isaías 33:17)*

«Bienaventurados los de limpio corazón, porque ellos verán a Dios.» ¿Vemos en nuestra vida al Rey en su hermosura? ¿Nos damos cuenta del hecho de que mientras le contemplamos su voluntad es que seamos transformados en su semejanza de «gloria en gloria»? «Todavía un poco, y el mundo no me verá más; pero vosotros me veréis.» Ninguna promesa es más maravillosa para nuestra vida presente que ésta. Señor, permite que toda niebla o velo que oculta tu gloria, y todo pecado, pueda ser apartado, que podamos contemplarte en la hermosura de tu santidad. Entonces «ellos verán la gloria de Jehová, la hermosura del Dios nuestro».

Señor, que podamos contemplar tu belleza en el mundo, en la naturaleza y en la revelación que haces de ti mismo en otros. Que nosotros también reflejemos un destello de esa hermosura. Amén.

NUESTRO LEGISLADOR

> Porque Jehová es nuestro juez, Jehová es nuestro legislador, Jehová es nuestro Rey; él mismo nos salvará. *(Isaías 33:22)*

Cada nación, cada acto, cada vida, necesita una ley para dirigirla en su relación con su propia expresión, y con otros. La ley debe ser elaborada por uno que conoce y entiende la nación, los hechos o la vida. Cristo Jesús es nuestro «Legislador». El que nos da vida, el que ha vivido la vida que necesitamos vivir. Él sabe lo que está haciendo. Él preparó la ley para nosotros con infinito amor y compasión. «El que tiene mis mandamientos, y los guarda, ése es el que me ama.»

Señor Jesús, como exclamó el salmista: «¡Oh, cuánto amo yo tu ley!» Que sea una luz en nuestro camino y una lámpara a nuestros pies. Que te agrademos en todo mediante nuestra obediencia. Amén.

JEHOVÁ EL SEÑOR

> He aquí que Jehová el Señor vendrá con poder, y su brazo señoreará; he aquí que su recompensa viene con él, y su paga delante de su rostro. *(Isaías 40:10)*

No todas las almas que adoran a Jehová han aprendido que el secreto de todo poder y de toda plenitud de bendiciones consiste en hacerle el Señor de nuestra vida. Adonai Jehová (El Señor Dios) es el Señor, el Maestro, quien en su gracia eterna se revela a sí mismo. ¿No nos inclinaremos humildemente a sus pies y le coronaremos Señor y Maestro en todo lo que somos y tenemos?

Jesús, tú eres el gran YO SOY, uno con el Padre. Que nunca olvidemos tu trascendencia ni tampoco el hecho de que eres Dios con nosotros. Amén.

EL DIOS ETERNO

> ¿No has sabido, no has oído que el Dios eterno es Jehová, el cual creó los confines de la tierra? No desfallece, ni se fatiga con cansancio, y su entendimiento no hay quien lo alcance. *(Isaías 40:28)*

Cristo Jesús y el Padre trabajan continuamente a nuestro favor para completar la buena obra que empezaron hasta el día de salvación.

Dios eterno, sin fin, es mi Señor,
nunca ensombrecido por los cambios,
inmutable, perfecto en su Palabra.

A ti clamo, Dios eterno,
renuévame, afírmame, fortaléceme,
refugiado en ti estaré a salvo
de que el enemigo y el mundo me venzan.

Dios eterno e infinito, tú eres el mismo desde antes del comienzo del tiempo. Obra poderosamente en nuestra vida para asegurarnos un futuro glorioso contigo. Amén.

MI ESCOGIDO

He aquí mi siervo, yo le sostendré; mi escogido, en quien mi alma tiene contentamiento; he puesto sobre él mi Espíritu; él traerá justicia a las naciones. *(Isaías 42:1)*

El Dios infinito, el que sabe y comprende, el Dios de sabiduría y conocimiento, llamó a examen a todos los ángeles y a todos los hombres de todos los tiempos y Escogió a nuestro Señor y le llamó «mi Escogido», para ser el Redentor, el Salvador, el Amigo de todos los hombres, y el todo de los creyentes. ¿Es Él su escogido, cada día, cada hora, en cada experiencia? Quiera Dios que Él sea el todo en usted hoy.

Señor Jesucristo, fuiste escogido para la tarea más importante de todos los tiempos: Conseguir nuestra salvación. Te adoramos agradecidos, porque gracias a ti también somos escogidos y tenemos el altísimo privilegio de ser tus hermanos y tus discípulos. Amén.

LUZ DE LAS NACIONES

Yo Jehová te he llamado en justicia... te pondré por pacto... por luz de las naciones. *(Isaías 42:6)*

«En él estaba la vida, y la vida era la luz de los hombres» (Jn. 1:4). Pero ¿cómo iluminará esa Luz a los pueblos del mundo a menos que nosotros que somos la luz del mundo vayamos y reflejemos esa luz resplandeciente? Alguien nos trajo esa Luz. ¿No la llevaremos nosotros a las tinieblas que oscurecen la vida de otros? Él es la *Luz* y *da* la luz y nosotros somos los *portadores de la luz*.

Señor Jesucristo, sin tu luz jamás sabríamos de Dios el Padre ni le conoceríamos. Gracias por traernos la luz de la vida y de la verdad y por hacernos parte de tu cuerpo. Danos la gracia de que tu luz resplandezca ahora por medio de nosotros. Amén.

SAETA BRUÑIDA

Y puso mi boca como espada aguda, me cubrió con la sombra de su mano; y me puso por saeta bruñida. *(Isaías 49:2)*

Nuestro Señor es representado como la «Palabra de Dios» que tiene una «voz como estruendo de muchas aguas» (Ap. 1:15) y que dirige a su pueblo palabras de paz, de consuelo y fortaleza. Regocijémonos cuando Él habla y su palabra corta a través de nuestra vida egoísta como una espada de luz radiante. Pocos amigos humanos son fieles, pero el que es «saeta bruñida» habla no sólo con amor eterno sino con fidelidad inmutable.

Habla, Señor, porque tus siervos escuchan. Que tu Palabra aguda examine y elimine aquellas áreas en lo profundo de nuestro ser que no son gratas a tus ojos. Que tu saeta traiga sanidad a nuestra mente y corazón a fin de alcanzar santidad. Amén.

EL SANTO DE ISRAEL

Así ha dicho Jehová, Redentor de Israel, el Santo suyo, al menospreciado de alma, al abominado de las naciones, al siervo de los tiranos: Verán reyes, y se levantarán príncipes, y adorarán por Jehová; porque fiel es el Santo de Israel, el cual te escogió. *(Isaías 49:7)*

Todo Israel caminaba en pecado. Todo Israel estaba corrompido. A pesar de todo, la presencia de Dios —santa, infinita en amor, en gracia y poder— estaba en el tabernáculo en forma de nube en el día y de fuego durante la noche. «El Santo de Israel» no podía olvidar a su pueblo escogido, ni dejar de escuchar su más débil clamor. De manera que Israel permaneció y vivió, y vive hoy porque «el Santo de Israel» estuvo a su lado. Él también está hoy a su lado para ser su luz y su salvación y dirigirle hacia el Padre. ¡Contémplelo y adórelo!

Señor Dios, te adoramos porque eres perfectamente santo y anhelas que seamos como tú eres. Gracias por hacernos el objeto de tu amor. Amén.

RAÍZ DE TIERRA SECA

Subirá cual renuevo delante de él, y como raíz de tierra seca. *(Isaías 53:2)*

Alma desalentada, ¿ha pensando a veces que su suerte en la vida es bien dura? ¿Que le han pedido estar en lugares difíciles y rodeado de condiciones muy desfavorables? El que le redimió sabe de toda dificultad y de todo sufrimiento que pueda experimentar. Él ha pasado por todas nuestras pruebas y está, por tanto, capacitado para ayudarnos en nuestra necesidad. Considere entonces cómo creció Él «como raíz de tierra seca» o, de lo contrario, se sentirá cansado y desmayará ante todo lo que tiene que enfrentar.

Señor Dios, riega las partes secas de nuestra vida y ayúdanos a permanecer enraizados en tu amor sustentador. Amén.

VARÓN DE DOLORES

Despreciado y desechado entre los hombres, varón de dolores, experimentado en quebranto; y como que escondimos de él el rostro, fue menospreciado, y no lo estimamos. *(Isaías 53:3)*

El que es la fuente de todo gozo, el dador de toda paz, aquel ante quien los arcángeles y ángeles se inclinan en adoración, es también llamado «varón de dolores». El sufrimiento quebrantó su corazón y aplastó su vida. ¿Añadiremos nosotros dolor a su dolor mediante nuestra desobediencia, rebeldía o falta de amor, servicio o adoración? ¿Nos quejaremos si se nos permite participar en su dolor o compartir sus sufrimientos? Él cargó con todo a solas, excepto quizá cuando los ángeles le ministraron en la noche oscura de Getsemaní; pero comparte su dolor, lleva sus cargas y le conforta cuando confía en Él. ¿No alabaremos y adoraremos al «varón de dolores»?

Siervo sufriente, tus dolores nos han traído gozo. No obstante, oramos pidiendo que nos ayudes a llevar las ligeras cargas y dolores de la vida presente que son resultado de nuestra naturaleza caída. Amén.

EL SIERVO JUSTO DE DIOS

Verá el fruto de la aflicción de su alma, y quedará satisfecho; por su conocimiento justificará mi siervo justo a muchos, y llevará las iniquidades de ellos. *(Isaías 53:11)*

Hay muchos siervos pero sólo *Uno* es justo. Pablo pudo decir: «No he rehuido anunciaros todo el consejo de Dios... He peleado la buena batalla, he acabado la carrera, he guardado la fe», pero a pesar de todo se reconocía como un siervo inútil y como el más pequeño de todos los santos. ¿Nos desalentaremos, por tanto, y sacaremos la conclusión de que no merece la pena probar? No, nuestra labor en el Señor nunca es en vano, porque el que es el *Siervo justo* de Dios justificará a muchos. Él es todavía «Jehová Tsidkenu» (nuestra justicia), y podemos llevarle a Él los pedazos rotos de nuestros mejores obras, esfuerzos y servicios y al dejarlos a sus pies regocijarnos de que seremos justificados por el que es el «Siervo justo de Dios».

Señor Jesucristo, estamos muy agradecidos de poder adquirir tu justicia mediante tu obra y nuestra respuesta de fe. Gracias por escogernos y justificarnos delante del Padre. Amén.

MI HACEDOR

Porque tu marido es tu Hacedor. *(Isaías 54:5)*

Escuchamos acerca de personas que «se hacen a sí mismas», de personas que son hechas por el medio que les rodea, o por amigos y compañeros fieles. Cuán poco escuchamos hoy a alguien gloriarse de forma humilde y decir gozoso: «Por la gracia de Dios soy lo que soy.» No obstante, Él «es tu Hacedor». Todo lo que eres que es permanente, todo lo que eres que es bueno y provechoso, es obra de Dios. Inclínate, pues, ante tu Hacedor. Adórale y pídele que termine en ti lo que ha empezado.

Señor Dios, nuestro Creador, todo nuestro ser y circunstancias tienen su origen en ti. Danos humildad, diligencia y gratitud para que te reconozcamos siempre como el autor de todo lo que existe. Amén.

MI MARIDO

Porque tu marido es tu Hacedor. *(Isaías 54:5)*

El esposo espera el perfeccionamiento de la esposa, sin embargo, ya estamos ahora unidos en lazo inseparable con Cristo, quien no sólo nos hizo sino que también es nuestro esposo.

Jesús, buscamos una unión íntima contigo al permitir que tú seas nuestra Cabeza en todas las cosas, mientras nos sometemos a ti. Amén.

DIOS DE TODA LA TIERRA

Jehová de los ejércitos es su nombre; y tu Redentor, el Santo de Israel; Dios de toda la tierra será llamado. *(Isaías 54:5)*

¿Hay alguna parte de la tierra que sea mía? No hasta que no soy realmente un hijo del «Dios de toda la tierra». Al recibirle a Él, ¿no poseo en Cristo todas las cosas y puedo proceder a gozarlas, sin importar las aflicciones del mundo? No hasta que toda la tierra sepa que Él es Dios, no sólo unos pocos, sino «toda la tierra».

Las aves y los animales del campo, todo te pertenece, Señor, así como todo lo que nosotros tenemos. Gracias porque todas las cosas son nuestras por medio de Cristo y que heredaremos un nuevo cielo y una nueva tierra. Que lo rindamos todo a ti para que tú lo uses conforme a tu propósito. Amén.

TESTIGO A LOS PUEBLOS

He aquí que yo lo di por testigo a los pueblos, por jefe y por maestro a las naciones. *(Isaías 55:4)*

Un testigo del amor de Dios, de la gracia, el poder y la santidad de la deidad. Sin defecto en todo aquel testimonio sin igual, sin palabras dudosas o de doble significado. Él pudo decir: «El que me ha visto a mí, ha visto al Padre.» Todos somos testigos, pero ¡cuán defectuoso es nuestro testimonio! El Padre moraba en Jesús y Él buscó la dirección del Padre a cada paso y en cada palabra. Nosotros también podemos ver y oír al Padre y caminar con Él, y sólo así nuestro testimonio ganará a los perdidos.

Dios de toda verdad, que nunca fallemos en testificar como Cristo lo hizo de la realidad y del amor del Padre celestial. Que nos apoyemos en tu dirección para testificar de ti en el poder del Espíritu. Amén.

EL GUÍA

He aquí, lo he puesto por testigo a los pueblos, por guía y jefe de las naciones. *(Isaías 55:4, La Biblia de las Américas)*

El hecho de que Él nos dirige es, desde el principio de nuestra vida cristiana, uno de los más benditos pensamientos que tenemos como hijos de Dios. La mayoría de las veces pensamos de su dirección como dirigiéndonos en la batalla, para salir del laberinto de la confusión y la ignorancia, dirigiéndonos a través de la oscuridad de la noche. ¿Nos damos cuenta de la infinita ternura que le lleva a dirigir a los que están llevando a cabo las tareas más delicadas, difíciles e ignoradas del mundo? Él entiende y siente con nosotros la pena, la soledad y el dolor que ningún amigo terrenal puede conocer; y nos dirige tiernamente en medio de las sombras hacia su gloria infinita. ¿No le seguiremos donde nos lleve y nos mantendremos los más cerca de Él con el fin de no extraviarnos en el camino?

Señor Jesús, ayúdanos a ser fieles seguidores tuyos, tú que nos llevas a la vida eterna. Amén.

EL JEFE

> He aquí, lo he puesto por testigo a los pueblos, por guía y jefe de las naciones. *(Isaías 55:4, La Biblia de las Américas)*

En un tiempo cuando casi todos desean hacer lo que bien les parece, les resulta difícil a los hijos de Dios el reconocer el derecho de Dios a mandar. No obstante, el que nos redime, que nos compró de manera que ya no somos nuestros, declara su derecho al título de «jefe». Fallar en obedecerle significará perder mucho de la comunión y gozo que disfrutamos en la oración y el estudio de la Palabra de Dios. Si hay algún mandamiento sobre el cual Él nos ha llamado la atención y no hemos obedecido, ¿no le honraremos hoy obedeciéndole gozosa y diligentemente, haciéndole nuestro Jefe en cada aspecto de nuestra vida?

Señor, tus mandamientos no son onerosos para nosotros. Danos comprensión y obediencia a las tareas que quieres que hagamos para edificar tu reino. Amén.

EL REDENTOR

> Y vendrá el Redentor a Sion, y a los que se volvieren de la iniquidad en Jacob, dice Jehová. *(Isaías 59:20)*

Cuando llegan los fracasos y la desilusión, cuando se siente derrotado y la carrera parece inalcanzable, pare y recuerde que «tu Señor te redimió a gran costo». Si Él vio en usted algo por lo cual merecía la pena morir, dándose a sí mismo por completo, ¿no merece la pena que se levante y pruebe de nuevo, que camine con Él y adore al que le ha redimido?

Señor Jesucristo, tú nos has comprado a un precio altísimo y para un gran propósito. Ayúdanos a redimir el tiempo por amor de ti, porque los días son malos. Amén.

LUZ PERPETUA

> No se pondrá jamás tu sol, ni menguará tu luna; porque Jehová te será por luz perpetua, y los días de tu luto serán acabados. *(Isaías 60:20)*

No hay imagen que nos sea más difícil de comprender espiritualmente que el tiempo cuando el sol no se pondrá jamás, cuando Cristo será nuestra «Luz perpetua». Nuestras vidas están tan llenas de subidas y bajadas, de luces y sombras, que la estabilidad parece casi inconcebible y las tinieblas sin fin resultan más fáciles de comprender que la luz eterna. No obstante, eso es lo que es Cristo para usted: su luz. Entre en su presencia con santa osadía y camine en luz perpetua.

Luz resplandeciente, imagen perfecta del Padre, quita de nuestra vida la oscuridad del pecado y atráenos a ti, la luz de la vida. Amén.

EL ÁNGEL DE SU PRESENCIA

> En todas sus angustias Él fue afligido, y el ángel de su presencia los salvó; en su amor y en su compasión los redimió, los levantó y los sostuvo todos los días de antaño. *(Isaías 63:9, La Biblia de las Américas)*

Un jovencito inquieto y nervioso, todavía en su niñez, gritó en la noche.

—Papá, ¿estás ahí?

—Sí, estoy aquí. ¿Quieres algo? —respondió el padre.

—No, sólo quería estar seguro de que estabas ahí.

Y el asustado jovencito, todavía en la oscuridad, se fue directamente a dormir. Hijo de Dios, acosado por los temores y las dificultades al punto de que no ha hallado descanso, deje que el «Ángel de su presencia» le conforte. Apreste sus oídos. Háblale y escuchará su voz que le dice de una manera como ningún ser humano puede jamás hacerlo: «No temas, estoy contigo.»

Quiera Dios que el aliento y el gozo de su presencia transforme nuestra vida y nos dé el consuelo, la seguridad y la paz de manera que podamos andar en sus caminos. Amén.

NUESTRO ALFARERO

Mas ahora, oh Señor, tú eres nuestro Padre, nosotros el barro y tú nuestro alfarero; obra de tus manos somos todos nosotros. ***(Isaías 64:8, La Biblia de las Américas)***

¿Ha entendido el significado de la fuerza que presiona sobre su vida hoy? ¿Le ha parecido que es algo solamente doloroso, malo e injusto? Tras todo eso que parece malo está el «Alfarero», con un ideal tan hermoso que nuestra más despierta imaginación no es capaz de percibir por completo. Una vida transformada y bella, una en condiciones de sentarse con Él en su trono, es lo que está en la mente del Alfarero, y Él le está formando por medio de experiencias difíciles. Aprendamos a decir hoy:

«Yo soy el barro y tú eres el Alfarero. Haz lo que quieras de mí conforme a tu voluntad. Fórmame a la imagen de Cristo para que Él pueda ser visto en mí, como es tu propósito. Te adoro porque tú eres el Maestro Artesano.» Amén.

BÁLSAMO DE GALAAD

¿No hay bálsamo en Galaad? *(Jeremías 8:22)*

Hay experiencias de sufrimiento por las que el Maestro quiere que pasemos. Hay cargas que Él no nos las quita, aunque si que nos toma en sus brazos eternos con cargas y todo. Pero en todo sufrimiento que permite, Él es nuestro «bálsamo». Nos alivia en todo dolor, nos conforta en toda tristeza y nos fortalece en nuestras debilidades. Hay un «Bálsamo» en nuestro Galaad. ¿No recibiremos el consuelo que Él nos ofrece hoy?

Médico de amor, tú sanas nuestras dolencias y nos restaurarás a la plenitud y la santidad en nuestro cuerpo, alma y espíritu. Alivia las heridas y dolores que hoy padecemos como parte de nuestra pecaminosidad. Lo imploramos en el nombre de Cristo. Amén.

LA PORCIÓN DE JACOB

> No es así la porción de Jacob; porque él es el Hacedor de todo, e Israel es la vara de su heredad; Jehová de los ejércitos es su nombre. *(Jeremías 10:16)*

Cuando somos capaces de asirnos al hecho de que Jesús es nuestra «Porción», entonces verdaderamente poseemos todas las cosas, porque «¿cómo no nos dará también con él todas las cosas?» Todavía más: «Porque todo es vuestro... y vosotros de Cristo, y Cristo de Dios.» ¿No buscaremos apropiarnos de su inigualable amor, gracia, esperanza, valor, gozo, fruto y poder? ¿Qué más podemos pedir o tener?

Señor, tú nos has dado todas las cosas, ahora y para la eternidad. Que busquemos en ti todas las cosas de valor eterno para nuestra herencia en los cielos. Amén.

LA ESPERANZA DE ISRAEL

> Oh esperanza de Israel, Guardador suyo en el tiempo de la aflicción, ¿por qué te has hecho como forastero en la tierra, y como caminante que se retira para pasar la noche? *(Jeremías 14:8)*

«La esperanza de Israel», su pueblo, es también la esperanza de su esposa, la iglesia. Cristo Jesús ha eliminado la barrera de separación entre judíos y gentiles y se ha convertido en el Salvador de todas las tribus, razas y naciones de la tierra. Y cuando Él vuelva será tanto la «Esperanza» como la plenitud de todos los creyentes. Sí, Señor Jesús, ven pronto.

Señor Jesucristo, con los ojos de la fe podemos ver la sustancia de todas las cosas que esperamos. Gracias porque somos tu pueblo escogido en el que se cumplen todas las promesas de Dios. Amén.

RENUEVO JUSTO

He aquí que vienen días, dice Jehová, en que levantaré a David renuevo justo, y reinará como Rey, el cual será dichoso, y hará juicio y justicia en la tierra. *(Jeremías 23:5)*

Un «siervo justo» es alguien que sirve rectamente, satisfaciendo a su señor en todas sus órdenes. Un «renuevo justo» es el que de manera recta respeta, honra y da fruto al árbol en el que crece. Vosotros sois «pámpanos» (ramas o sarmientos) dijo nuestros Salvador de sus discípulos, pero también dijo: «Mi Padre las limpia (poda).» El que es el «Renuevo justo» escucha al Padre decir: «Este es mi Hijo amado, en quien tengo complacencia» (Mt. 3:17). ¿No buscaremos con todo nuestro corazón permanecer en Él a fin de que glorifiquemos al Padre llevando fruto?

Señor Dios, que lleguemos a ser renuevos justos al permanecer en ti, la vid verdadera, que nos imparte santidad. Y ser justificados cuando comparezcamos ante ti para ser juzgados. Amén.

SU LUGAR DE DESCANSO

Ovejas perdidas ha venido a ser mi pueblo; sus pastores las han descarriado, haciéndolas vagar por los montes; han andado de monte en collado y han olvidado su lugar de descanso. *(Jeremías 50:6, La Biblia de las Américas)*

Verdaderamente hay descanso para los cansados, porque Cristo Jesús es nuestro «lugar de descanso». Por tanto, en medio del trabajo duro y del cansancio, en medio de la lucha y de las dificultades, pidamos que nuestros oídos sean abiertos para que escuchemos al Señor decir: «Venid a mí todos los que estáis trabajados y cargados, y yo os haré descansar.» Permanecer en Él en amor constante y en fe obediente es encontrar nuestro «lugar de descanso».

Señor Jesús, estamos cansados y bajo presión por los afanes y ansiedades de este mundo. Sólo tú das la paz y el descanso que necesitamos para crecer y prosperar espiritualmente. Avívanos y renuévanos hoy. Amén.

UNA PLANTA DE RENOMBRE

> Y levantaré para ellos una planta de renombre, y no serán ya más consumidos de hambre en la tierra, ni ya más serán avergonzados por las naciones. *(Ezequiel 34:29)*

Aunque nuestro Señor vino como una planta tierna, sin forma ni hermosura, con todo, se ha convertido en una «Planta de renombre», porque ningún otro nombre es tan universalmente conocido, ningún otro nombre tiene tan poderosa influencia, no otro nombre muestra una gracia tan inagotable, y un día, quizá pronto, «en el nombre de Jesús se doble toda rodilla... y toda lengua confesará» que «aquella planta tierna» es una «Planta de renombre», que «Jesucristo es el Señor, para gloria de Dios Padre».

Labrador amado, planta tu preciosa semilla de vida dentro de mí, para que pueda llevar fruto de vida eterna. Que nuestra cosecha sea rica y abundante. Amén.

UNA PIEDRA CORTADA NO CON MANO

> Estabas mirando, hasta que una piedra fue cortada, no con mano, e hirió a la imagen en sus pies de hierro y de barro cocido, y los desmenuzó... Mas la piedra que hirió a la imagen fue hecha un gran monte que llenó toda la tierra. *(Daniel 2:34, 35)*

Los hombres hacen planes para la paz mediante gobiernos humanos, tribunales de arbitraje, conferencias de naciones, pactos y compromisos, sólo para verlos caer en profundo fracaso antes de que la obra humana llegue a la mitad. El Dios eterno planea un reino y gobierno que no puede fallar, y Él que es el Rey le da la forma, tamaño y poder que son más convenientes. Él en su venida deshará todos los planes humanos. ¿Esperamos nosotros esa «Piedra» que vendrá y desmenuzará? ¿Estaremos listos en el día de su manifestación?

Señor, tú que eres maestro en cortar piedras, quita de nosotros todo lo que no te sea agradable y edifícanos en templos vivos levantados sobre el fundamento firme que es Cristo. Amén.

ANCIANO DE DÍAS

> **Miraba yo en la visión de la noche, y he aquí con las nubes del cielo venía uno como un hijo de hombre, que vino hasta el Anciano de días... su dominio es dominio eterno, que nunca pasará, y su reino uno que no será destruido.** *(Daniel 7:13, 14)*

«En el principio era el Verbo», y el que nos redimió es el «Anciano de días», cuya cabeza es «blanca como blanca lana» (Ap. 1:14). Él es desde el principio y será nuestro Dios eterno por los siglos de los siglos. Nosotros, cuya vida sobre la tierra es sólo como un vapor que pasa, nos arrodillaremos en adoración a los pies del «Anciano de días».

Tú que existes desde la eternidad, gracias por escogernos desde antes de la fundación del mundo. Completa en nosotros la obra que has empezado. Ayúdanos a ser dóciles y obedientes a este fin. Amén.

PRÍNCIPE DE LOS PRÍNCIPES

> **Y se levantará contra el Príncipe de los príncipes, pero será quebrantado, aunque no por mano humana.** *(Daniel 8:25)*

El Dios Todopoderoso quiere exaltar a su Hijo, a fin de que Él reine en todas las cosas en nuestra vida, como Rey de reyes y Señor de señores, y como dice el texto, como «Príncipe de los príncipes». En los reinos terrenales se da a menudo la situación de que el príncipe heredero al trono recibe más atención y afecto que el rey mismo. ¿Qué acerca de nuestro amor y efecto por el «Príncipe de los príncipes»? Aunque sentado ahora a la diestra del Padre y es uno con Él, espera ser coronado en la tierra. ¿Tenemos para con Él más devoción y profundo amor que para con los mortales pecadores que reinan sobre nosotros? Exaltemos a Cristo al lugar de honor que le corresponde en todas las cosas de nuestra vida diaria y démosle nuestra devoción sincera.

Señor, ¿qué príncipe humano se puede comparar contigo? Que te rindamos el homenaje que te corresponde con todos nuestros dones materiales, mentales y espirituales. Amén.

LA ESPERANZA DE SU PUEBLO

> Y Jehová rugirá desde Sion, y dará su voz desde Jerusalén, y temblarán los cielos y la tierra; pero Jehová será la esperanza de su pueblo, y la fortaleza de los hijos de Israel. *(Joel 3:16)*

No hay esperanza aparte de Él. No hay esperanza en nosotros de vencer al mundo, el demonio o la carne. No hay esperanza en nosotros de que seamos o hagamos lo que bendecirá al mundo; pero hay una esperanza gloriosa para los que confían en Él. Jesús, nuestro Salvador, Rey y Esposo, Cabeza viviente del cuerpo del cual somos miembros humildes, es la «Esperanza de su pueblo».

Nuestro amado Salvador, eres nuestra esperanza de gloria, el ancla de nuestra alma. Confiaremos sólo en ti para todas nuestras necesidades que tienen que ver con la piedad y la vida eterna. Amén.

UN GOBERNANTE

> Pero tú, Belén Efrata, aunque eres pequeña entre las familias de Judá, de ti me saldrá el que ha de ser gobernante en Israel. Y sus orígenes son desde tiempos antiguos, desde los días de la eternidad. *(Miqueas 5:2, La Biblia de las Américas)*

Nunca en la historia del mundo ha habido tantos fracasos de gobiernos humanos como ahora. Nunca antes han caído tan hondo los ideales nobles de la humanidad. Se organizan grandes planes y conferencias para promover la paz y los buenos gobiernos, y las grandes esperanzas caen derribadas como castillos de arena por guerras brutales e implacables. Y así seguirá sucediendo hasta que venga el que tiene derecho a reinar y sea el «Gobernante» no sólo de Israel sino también de todo el mundo. Hace un siglo un predicador que fue un vocero escogido de Dios, dijo: «Quizá Él vendría antes si nosotros clamáramos fervientemente desde lo profundo de nuestro corazón: "Venga tu reino."»

Soberano Señor, al planear nuestra vida, que tú seas el Gobernante y Señor de todas nuestras metas e intenciones. Amén.

UNA FORTALEZA

> Bueno es el Señor, una fortaleza en el día de la angustia, y conoce a los que en él se refugian. *(Nahum 1:7, La Biblia de las Américas)*

Durante la Segunda Guerra Mundial, cuando los aviones alemanes bombardeaban Londres, miles de personas se refugiaron en el metro de la ciudad. En las altiplanicies de África Central hay una sección conocida como la meseta de la Piedra de Hierro, en la que la cantidad de mineral de hierro parece atraer a los rayos en las tormentas y mucha gente de aquella zona cava cuevas en las que se protegen cuando aparecen las tormentas. Hay tormentas peligrosas que acosan nuestra vida espiritual contra las cuales no hay protección segura excepto Cristo. ¿Es Él su «Fortaleza»? ¿Ha aprendido a refugiarse en Él?

Bendito Salvador, gracias por atar al «hombre fuerte» (el diablo) en nuestra vida. Sé nuestra torre fuerte, vencedor sobre nuestros enemigos. Amén.

UN MURO DE FUEGO

> Yo seré para ella, dice Jehová, muro de fuego en derredor, y para gloria estaré en medio de ella. *(Zacarías 2:5)*

Todo lo que necesitan como protección los que confían en Él es a Dios mismo. Él es como un muro de fuego que jamás puede atravesar el peor de los enemigos. El enemigo de los malos pensamientos quedará abrasado. La lengua impulsiva será consumida. Cuando nos escondamos en Él, los deseos egoístas que se filtran insidiosamente por todas partes serán deshechos por el que es un «Muro de fuego».

Señor Jesús, tú viniste para bautizar con fuego a fin de quemar y hacer desaparecer todo mal e impureza en nuestra vida por amor de ti. Amén.

REY SOBRE TODA LA TIERRA

> Y se afirmarán sus pies en aquel día sobre el monte de los Olivos... Y Jehová será rey sobre toda la tierra. En aquel día Jehová será uno, y uno su nombre. *(Zacarías 14:4, 9)*

Un día, quiera Dios que sea pronto, sus pies se afirmarán sobre el Monte de los Olivos y *toda la tierra* sabrá que Él es rey. ¿Puede acaso superar esa imagen la más aguda y veloz de las imaginaciones? Por encima de todas las contiendas de las naciones, todo el orgullo y rivalidad de los reyes, qué paz, qué gloria, qué maravillas jamás vistas se verán cuando Él, «el Rey de reyes», reine sobre «toda la tierra». ¿No le atrae eso poderosamente? ¿No le lleva el Espíritu a clamar con toda tu alma: «Sí, ven, Señor Jesús»?

Señor, incluso hoy sabemos que tú reinarás sobre toda la tierra. Reina en los lugares más profundos de nuestro corazón para tu honra y gloria. Amén.

EL REY

> Y todos los que sobrevivieren de las naciones que vinieron contra Jerusalén, subirán de año en año para adorar al Rey, a Jehová de los ejércitos, y a celebrar la fiesta de los tabernáculos. *(Zacarías 14:16)*

Él es Rey. No importa que las naciones rehusen coronarle y reconocerle su derecho a reinar. Sólo espera el día y la hora que el Padre ha designado para recibir el reino que le pertenece. El mundo espera y llora, toda la creación gime de dolor por falta de las condiciones que tendremos cuando los hombres le hayan coronado Rey. Nos unimos al dolor pero, ¿le hemos coronado de verdad en nuestra vida? ¿Reina Él por encima de todo en cada día, en cada acto y sobre todos nuestros pensamientos y palabras? Habrá gozo en el corazón de Jesús, gozo en el cielo y gozo en nuestro ser cuando coronemos a Cristo Jesús por completo y sin reservas como Rey y Señor de todas las cosas.

Rey y Señor de todo lo que existe, restaura tu dominio en nuestro corazón, hoy y para siempre. Amén.

EL ÁNGEL DEL PACTO

He aquí, yo envío mi mensajero... y el ángel del pacto, a quien deseáis vosotros. He aquí viene, ha dicho Jehová de los ejércitos. *(Malaquías 3:1)*

El que es nuestro ejemplo para que caminemos en sus pisadas se ha llamado a sí mismo «El Ángel [mensajero] del pacto». El Padre dio una promesa a los que creerían en su Hijo. El Hijo, un Mensajero enviado del cielo, nos trajo esa promesa, aquel pacto. Para el verdadero creyente el pacto más precioso es: «Pondré mis leyes en sus corazones, y en sus mentes las escribiré» (He. 10:16). ¿Lo aceptarás a Él ahora? «Abre tu boca por completo y yo te la llenaré», dice el Señor.

Señor, danos la sabiduría y la gracia de conocer tus leyes, escritas en nuestro corazón, y cumplirlas. Amén.

REFINADOR

Y se sentará para afinar [Refinador] y limpiar la plata; porque limpiará a los hijos de Leví, los afinará como a oro y como a plata, y traerán a Jehová ofrenda en justicia. *(Malaquías 3:3)*

Cuando los defectos más groseros que los hombres pueden ver son eliminados de nuestra vida, corremos el grave peligro de quedar satisfechos y olvidar que todavía, como el cielo es más alto que la tierra, sus caminos y pensamientos son más altos que los nuestros. Necesitamos entender claramente que hay una vida más pura, una paz más santa y profunda, una semejanza del Señor más clara y evidente para sus hijos. Y aunque a través de toda nuestra vida parece como si hubiéramos estado en el crisol, le diremos de nuevo al Señor:

«Amado refinador, haz de mí lo que quieras. Refíname mediante todo proceso que tú consideres oportuno.» Amén.

PURIFICADOR

Y se sentará para afinar y limpiar [Purificador] la plata; porque limpiará a los hijos de Leví, los afinará como a oro y como a plata, y traerán a Jehová ofrenda en justicia. *(Malaquías 3:3)*

Ninguna obra de Dios muestra más plenamente su amor ilimitado que su deseo de purificar nuestra vida. Hay tanta escoria en nosotros que necesitamos ser metidos en el horno de la aflicción para ser purgados como el oro y la plata. Las experiencias difíciles por medio de las cuales pasamos pueden ser a menudo entendidas como expresiones del amor infinito del Padre que busca separar la escoria de nuestra vida, para llevarnos al punto de pureza en el que pueda ser vista y reflejada su imagen.

Purifícanos, Señor, para que lleguemos a ser como oro puro. Amén.

EL SOL DE JUSTICIA

Mas a vosotros los que teméis mi nombre, nacerá el Sol de justicia, y en sus alas traerá salvación. *(Malaquías 4:2)*

Cristo Jesús dijo que cuando el Espíritu Santo (El Consolador) viniera «convencería al mundo de pecado... de justicia, por cuanto voy al Padre». Entre los hijos de los hombres «no hay justo, ni aun uno». Pero el que llevó a cabo la creación de los mundos, y caminó por las calles de Judea, se sienta «a la diestra del Padre» en su gloria. Él es el Sol cuya justicia radiante sana nuestra alma enferma.

Señor Jesús, vamos a ti con nuestras manchas terrenales y nuestras numerosas faltas y debilidades, nos inclinamos a tus pies para adorarte mientras buscamos salvación y sanidad en tus alas. Amén.

HIJO DE DAVID

Libro de la genealogía de Jesucristo, hijo de David. *(Mateo 1:1)*

Nuestro Señor fue un descendiente directo del rey David. Esto le daba el derecho de soberanía sobre la tierra de David, y cuando Él estuvo entre los hombres, se nos dice que no hubo otro aspirante al trono de David. Herodes buscó destruir al niño rey, Jesús, pero Egipto fue escogido como un lugar de refugio para Él. El corazón de Herodes era como el de todos los hijos de los hombres que no quieren que Él reine sobre ellos. Cristo nos llevaba en su corazón, incluso siendo niño, porque Él «es el mismo ayer, y hoy, y por los siglos», y Él es nuestro refugio ahora.

Jesucristo, hijo de David, que nuestro corazón esté siempre en relación con tu gran corazón. Amén.

HIJO DE ABRAHAM

Libro de la genealogía de Jesucristo... hijo de Abraham. *(Mateo 1:1)*

Tres títulos en un versículo: «Jesucristo, hijo de David, hijo de Abraham.» Abraham era la cabeza de la nación del pacto. Dios le había dado la promesa de que en su simiente serían benditas todas las naciones de la tierra. Jesús se sometió a la ley judía en cumplimiento de toda justicia. Vivió como un judío, predicó a los judíos. Murió por los judíos así como por los gentiles. «De modo que los de la fe son bendecidos con el creyente Abraham» (Gálatas 3:9). ¡Qué maravilloso! Dios se manifestó en carne en la simiente de Abraham y, no obstante, es el mismo que hizo la promesa a Abraham.

A ti que eres el Hijo de la promesa a Abraham y el Hijo de Dios, Salvador nuestro, sosténnos firmemente en la fe en tu Palabra. Amén.

JESÚS

> Y dará a luz un hijo, y llamarás su nombre JESÚS, porque él salvará a su pueblo de sus pecados. *(Mateo 1:21)*

Más de setecientas veces aparece este nombre Jesús (Josué) en el Nuevo Testamento. Cuán familiarizados estamos con ese nombre. Josué del Antiguo Testamento, quien salvó a Israel dirigiéndoles a través del río Jordán, el primero en las batallas y fue firme en su compromiso para con Dios y su pueblo. Fue un tipo del Señor, quien es nuestro Josué; el que nos dirige en las batallas, y es nuestro Líder, Protector y Salvador. Él estará siempre a nuestro lado hasta que nos deje a salvo en el redil al otro lado de la vida. ¡Aleluya! ¡Qué maravilloso Salvador!

Tú, el Salvador de nuestra alma, en quien estamos salvos por toda la eternidad, guíanos hoy mediante tu Santo Espíritu para alabanza de tu gracia. Amén.

EMANUEL

> He aquí, una virgen concebirá y dará a luz un hijo, y llamarás su nombre Emanuel. *(Mateo 1:23)*

Esta era la profecía de Isaías 7:14: «Por tanto, el Señor mismo os dará señal: He aquí que la virgen concebirá, y dará a luz un hijo, y llamará su nombre Emanuel» ¡«Dios con nosotros»! Qué maravilloso Dios y Salvador es. Él está con nosotros como lo prometió en Mateo 28:19, 20: «Por tanto, id, y haced discípulos a todas las naciones, bautizándolos en el nombre del Padre, y del Hijo, y del Espíritu Santo; enseñándoles que guarden todas las cosas que os he mandado; y he aquí yo estoy con vosotros todos los días, hasta el fin del mundo.» Sintamos su presencia y hagámosle real en nuestra vida. Camine, hable, y viva con Él y ámele cada vez más según van pasando los días.

Señor Jesús, sabemos que moras en nosotros. Que gocemos hoy plenamente la comunión contigo. Amén.

UN GOBERNANTE

> Y tú, Belén... porque de ti saldrá un guiador [Gobernante], que apacentará a mi pueblo Israel. *(Mateo 2:6)*

¡Belén de Judá! Un pequeño pueblo que fue muy honrado dos veces. Fue el lugar de nacimiento de David, rey de Israel, y el de Jesús, Rey de reyes y Señor de señores. Quién visita Palestina y no desea conocer esta ciudad de ciudades, el lugar donde Jehová se encarnó en forma humana y yaciendo en un pesebre contempló el rostro de la virgen María, su madre. El gobierno estará sobre sus hombros y reinará en justicia. ¡Bendito día!

Oramos por tu pronta venida y pedimos tener la gracia de acelerarla. Amén.

EL NIÑO

> Ellos, habiendo oído al rey, se fueron; y he aquí la estrella que habían visto en el oriente iba delante de ellos, hasta que llegando, se detuvo sobre donde estaba el niño. *(Mateo 2:9)*

Una estrella del oriente dirigió a los magos a la Estrella que oscurecería todas las demás estrellas del cielo. ¡Mire a este niño! Preste toda su atención al contemplar su rostro, yaciendo allí, con sus ojos inquisitivos fijos en sus propios ojos. Visualice delante de usted si puede, a Dios manifestado en carne. Dios: ¡el Niño! El Creador de todas las cosas. Delante de Él están treinta años de vida humana en los que trabajará con otros seres humanos. ¡Misterio de los misterios!

Tú que eres el Admirable, al inclinarnos ante ti hoy, ayúdanos a entender más tu amor por los hijos de los hombres. Amén.

NAZARENO

Vino y habitó en la ciudad que se llama Nazaret, para que se cumpliese lo que fue dicho por los profetas, que habría de ser llamado nazareno. *(Mateo 2:23)*

Nazaret era un pueblo ubicado en la frontera norte de la llanura de Esdraelón. Allí fue el ángel Gabriel para anunciarle a María el nacimiento de Cristo: «Entrando el ángel en donde ella estaba, dijo: ¡Salve, muy favorecida! El Señor es contigo; bendita tú entre las mujeres» (Lc. 1:28). En la noche de su traición, nuestro Señor preguntó: «¿A quién buscáis?» Ellos respondieron: «A Jesús nazareno.» Él dijo: «Os he dicho que yo soy.»

Jesús de Nazaret, que nunca nos avergoncemos de ser llamados seguidores del humilde Nazareno. Somos muy favorecidos con ser tus discípulos. Ayúdanos a vivir a la altura de nuestro llamamiento. Amén.

AMIGO DE PECADORES

He aquí un hombre... amigo de publicanos y de pecadores. *(Mateo 11:19)*

Estas son palabras dichas por Cristo Jesús mismo. Cita sus propias palabras y se las aplica a sí mismo. ¡Qué título! ¡Cuán realmente maravilloso es: «Amigo de pecadores.»! Eso era y es, un amigo que es más cercano que un hermano. Dejó a un lado las vestiduras regias del cielo y vino para hacerse amigo de los pecadores. Fue una tarea que le costó la vida en la cruz. ¡Aleluya! ¡Qué amigo! Pagó gustosamente el precio de la amistad. Al emprender hoy nuestras tareas diarias, preguntémonos a nosotros mismos: «¿Soy yo un amigo de pecadores?» Si no lo soy, no soy como mi Maestro, porque Él si lo fue y se gozó en serlo.

Señor Jesús, el mundo está lleno de pecadores sin amigos. Que podamos relacionarlos contigo que eres su amigo. Que nuestra vida demuestre tu amor. Amén.

MI SIERVO

He aquí mi siervo, a quien he escogido. *(Mateo 12:18)*

Jesús, el Siervo profetizado. Isaías lo había retratado y Jehová lo había escogido. Todos los pensamientos y propósitos de Dios le eran conocidos desde el principio. Podemos escuchar el eco de su voz: «El hacer tu voluntad, Dios mío, me ha agradado» (Sal 40:8). Nada era demasiado grande para que Él lo hiciera, porque era el Creador; nada era demasiado difícil, porque tenía todo el poder. Nada era demasiado pequeño para Él, porque se paró para hacer notar la ofrenda humilde de una viuda y aprovecharlo para dar una gran lección. Que gran privilegio es estar unido a Él por el yugo del servicio.

Amado Señor, queremos servir contigo hoy, el Siervo de Jehová, y eso hará que sea un buen día para ti y para nosotros, al agradarte tú de nuestra obra. Amén.

MI AMADO

He aquí... mi Amado, en quien se agrada mi alma. *(Mateo 12:18)*

El Hijo de Dios era el Siervo *amado*. Cuán especial era Él para el Padre, amado como la niña de sus ojos. No obstante, su amor por nosotros se manifestó en su disposición de pagar el castigo por nuestros pecados. «Nadie tiene mayor amor que este.» «Dios muestra su amor para con nosotros, en que siendo aún pecadores, Cristo murió por nosotros.» En su hora de oscuridad, Él clamó: «Dios mío, Dios mío, ¿por qué me has desamparado?» La agonía, el sufrimiento, el dolor que Él padeció, todo comunicaba un mensaje que pudimos escuchar: «De tal manera amó Dios...»

Nuestro Padre, tu amor por nosotros ha derribado todas las barreras; oramos pidiendo que tu Espíritu nos ayude a meditar hoy en la grandeza de tu amor. Amén.

EL SEMBRADOR

El que siembra la buena semilla es el Hijo del Hombre. *(Mateo 13:37)*

La semilla es la Palabra de Dios. El Hijo de Dios sembró la buena semilla. Sembró la Palabra de Verdad en los corazones de los hombres. Cuando sembramos el evangelio sembramos la buena semilla. Nada es comparable a la *Palabra* misma. Tiene un gran poder potencial. Es una semilla viva y nunca falla. Debemos imitar a nuestro Señor, el Sembrador, y procurar que la semilla pura de la Palabra sea esparcida por donde vayamos. Sembremos en todo tiempo y en todo lugar.

Señor, hazme hoy un sembrador de tu semilla, y pido tu bendición por todos los sembradores en todo el mundo. Amén.

EL HIJO DEL DIOS VIVIENTE

Tú eres el Cristo, el Hijo del Dios viviente. *(Mateo 16:16)*

Este es el título para el Salvador por largo tiempo esperado: El Cristo, el Ungido. Los profetas habían anticipado su venida y ahora es reconocida su presencia y autoridad. Este título se usa más de trescientas veces en el Nuevo Testamento. De «Cristo» viene la palabra «cristiano» y de esta proviene «cristianismo». Muchos pueblos y naciones son conocidas como cristianas hoy. El evangelio que predicamos es el evangelio de Cristo del cual no nos sentimos avergonzados, porque es poder de Dios para salvación a todo aquel que cree.

Señor, como cristianos «somos de Cristo». Renuévanos con la unción de tu Espíritu para que te honremos y sirvamos hoy diligentemente. Amén.

JESÚS EL CRISTO

Entonces mandó a sus discípulos que a nadie dijesen que él era Jesús el Cristo. *(Mateo 16:20)*

El título «Jesús el Cristo» se usa unas cien veces en el Nuevo Testamento. Es la combinación de «El Salvador y El Ungido» que magnifica la posición de aquel a quien anhelamos adorar. No había llegado todavía el momento de que ellos predicaran el mensaje de redención. Se les pidió que se mantuvieran callados por un tiempo, pero Él nos dice ahora a *nosotros* que vayamos por todo el mundo y demos a conocer el mensaje de la obra de Cristo en la cruz. ¿Estamos dispuestos a obedecer?

Amado Padre, al ir hoy por todas partes con este precioso nombre en nuestro corazón y labios, ayúdanos a hablarle a alguien de los grandes hechos del Hombre, tu Hijo, Jesús el Cristo. Amén.

EL HIJO AMADO DE DIOS

Este es mi Hijo amado, en quien tengo complacencia; a él oíd. *(Mateo 17:5)*

¡Qué manifestación tan maravillosa! Una nube luminosa los cubrió y era tan profunda que los ojos humanos no podían penetrar. Se oyó la voz de Jehová dando testimonio de que Jesús era su Hijo amado y que sus palabras debían ser escuchadas. La misma voz y el mismo mensaje se oyó en Mateo 3:17 cuando nuestro Señor fue bautizado y de nuevo en Juan 12:28 en el huerto. «*Su* amado» es también «*nuestro* amado». Cuán maravilloso es ese testimonio acerca de aquel a quien hemos aprendido a amar, y porque le amamos, nosotros somos amados por el Padre.

Señor, que hoy podamos decir una y otra vez: «Mi amado es mío, y yo suyo.» Amén.

EL PROFETA DE NAZARET

Este es Jesús el profeta, de Nazaret de Galilea. *(Mateo 21:11)*

Esta gran demostración había sido planeada por Dios y anticipada por Él (Zac. 9:9). Nuestro Señor entró en Jerusalén montado sobre un asno. La multitud le aclama y el entusiasmo es grande «¿Quién es éste?» es la pregunta que hacen; y la respuesta es: «Este es Jesús el profeta, de Nazaret de Galilea.» Un nazareno menospreciado. Un profeta de un pueblo ignorado. Todos nos sentimos orgullosos si, por suerte, nacemos en un lugar famoso; pero Dios, cuando tomó forma humana, nació en un establo y estableció su hogar en Nazaret. Por amor de nosotros se hizo pobre, para que por medio de su pobreza, pudiéramos ser enriquecidos.

Meditemos en las riquezas de su gracia, inclinémonos a sus pies y besémoslos mientras le adoramos. Que andemos hoy en humildad con el menospreciado Nazareno. Amén.

EL ESPOSO

Pero mientras ellas iban a comprar, vino el esposo. *(Mateo 25:10)*

El esposo debe venir. La verdadera iglesia es la esposa amada de Cristo. Él ha esperado mucho tiempo para que ella se prepare a sí misma para el día feliz y a fin de añadir hasta el último que complete el cuerpo. ¿Piense hoy en Él como el que viene? ¿Y piense de usted como uno que será bendecido como su amado por toda la eternidad? ¡Cuán insignificantes son los pequeños afanes y pruebas! Cuán pequeños parecen cuando volvemos nuestros ojos con expectación hacia el que viene en las nubes. «Bienaventurados los que son llamados a la cena de las bodas del Cordero» (Ap. 19:9). ¡Aleluya!

Que nuestras oraciones sean siempre: «Sí, ven, Señor Jesús.» Amén.

EL SANTO DE DIOS

Sé quién eres, el Santo de Dios. *(Marcos 1:24)*

Que gran testimonio salió de los labios de un hombre poseído por un espíritu inmundo, un instrumento de Satanás que actuaba bajo su poder. Pero la presencia de Cristo le intimidó. «Sé quién eres, el Santo de Dios.» Este no era un testimonio voluntario, sino que fue forzado a hacerlo. Muchas personas están poseídas por el diablo, y él tiene poderes que le fueron concedidos; pero Cristo puede dificultar la actividad de sus seguidores, puede expulsar a los demonios y prohibirles que hablen (v. 34). ¡Cuán devotamente deberíamos arrodillarnos a los pies del Santo de Dios! Que nuestros pensamientos estén fijos en Él y digamos muchas veces mientras caminamos y hablamos con Él:

«Santo de Dios, glorifícate por medio de nosotros y límpianos toda impureza para que también podamos ser santos.» Amén.

NUESTRO HERMANO

Porque todo aquel que hace la voluntad de Dios, ése es mi hermano. *(Marcos 3:35)*

Si esto es cierto, y lo es, lo contrario también es verdad: Él es nuestro Hermano. Esta imagen aparece en los versículos 31 y 34: «Vienen después sus hermanos y su madre, y quedándose afuera, enviaron a llamarle... Y mirando a los que estaban sentados alrededor de él, dijo: He aquí mi madre y mis hermanos.» Que inspirador es que Él diera generosamente este título a los que hacen la voluntad del Padre. ¿Y cuál es esa voluntad? La aceptación de su Hijo como nuestro Señor y Salvador, y el sometimiento de nuestra voluntad a la suya como aparece revelada en su Palabra, porque su Palabra es su voluntad. Cuán cercano y amado nos es nuestro Salvador, Maestro y Hermano. Aferrémosno a esta verdad al meditar en Él: «Nuestro por la fe, nuestro para siempre.»

Amado Señor, manténnos cerca de ti, en íntima comunión, en este día. Amén.

HIJO DEL DIOS ALTÍSIMO

Y clamando a gran voz, dijo: ¿Qué tienes conmigo, Jesús, Hijo del Dios Altísimo? ***(Marcos 5:7)***

Aquí nos encontramos con otro testimonio de parte de un espíritu inmundo que le llamó a Jesús: «Hijo del Dios Altísimo.» ¿Qué grandes poderes conlleva este título significativo? ¿Se percibía cuando las personas lo veían cara a cara? Judas lo traicionó; pero este pobre hombre, poseído por un demonio, lo adoró. En nuestros días muchos maestros, profesores y predicadores rehusan honrarle como *el Hijo*, sino como *un Hijo de Dios*. Pero nosotros elevamos nuestro corazón a Él y decimos:

«Hijo del Dios Altísimo, sé nuestro compañero de camino hoy. Que nada te ocultemos ni te neguemos.» Amén.

EL CARPINTERO

¿No es éste el carpintero...? *(Marcos 6:3)*

¡El Carpintero! Dos cosas se nos sugieren en este versículo. José no es mencionado y probablemente ya no vivía. Jesús trabajó en el taller de carpintería y continuó haciéndolo hasta que ocupó su lugar en su ministerio público. Podemos y deberíamos visualizarle en sus tareas diarias: Un hombre entre los hombres. ¡Cuán cerca está Él de nosotros! Nos da gozo saber que Él manejó el martillo y afiló el serrucho, cepilló la madera y ayudó a que hubiera pan en la mesa familiar. Contraste este cuadro acerca de Él con cualquier sistema falso y observe las diferencias. No importa cuál sea nuestro llamamiento, el Carpintero estará siempre con nosotros. Podemos caminar del brazo con Él para ir a las tareas diarias.

Carpintero de Galilea, tú eres nuestro ideal siempre. Amén.

EL HIJO DE MARÍA

¿No es éste el carpintero, hijo de María...? *(Marcos 6:3)*

El Carpintero, el «hijo de María», había regresado a su pueblo después de un viaje de evangelización en el que había realizado muchos milagros. La gente estaba maravillada de su doctrina. Los prejuicios se apoderaron de ellos: «¿No es éste... el hijo de María?» Nosotros no pensamos acerca de María en la manera en que lo hacen nuestros amigos católicos, pero sí la honramos sobre todas las mujeres, porque fue el vaso escogido por Dios para darnos a su Hijo y cumplir sus profecías. Cuán fiel fue Él siempre para con María. Veámosle en la cruz y escuchemos sus últimas palabras a María: «Mujer, he ahí tu hijo» A Juan el discípulo amado a quien después dijo: «He ahí tu madre.»

Cristo, te adoramos como el que un día reinará sobre el mundo y a cuyos pies nos inclinaremos en adoración. Amén.

MAESTRO BUENO

Maestro bueno, ¿qué haré para heredar la vida eterna? *(Marcos 10:17)*

La pregunta se la hizo a nuestro Señor un hombre joven que tenía grandes posesiones, según nos dice Mateo 19:17. Esta es la pregunta que está en la mente de muchos: «¿Qué haré para asegurarme un lugar en el cielo?» Lo que las *religiones* proponen es *haz*, pero lo que nos dice el Señor Jesucristo es lo opuesto: «Sígueme.» La vida eterna es un don. Los que le aceptan y le siguen encuentran que Él es el «Maestro bueno» porque nos provee de la salvación, que a nosotros sólo nos cuesta recibirla, pero que para Él significó morir en la cruz. Cuán misericordioso es nuestro Dios y cuánto deberíamos amarle y adorarle.

Señor, que podamos caminar hoy en la luz resplandeciente de tu amor. Amén.

EL HIJO DEL HOMBRE

El Hijo del Hombre será entregado a los principales sacerdotes y a los escribas, y le condenarán a muerte. *(Marcos 10:33)*

En el capítulo nueve Jesús había dicho: «El Hijo del Hombre será entregado en manos de hombres, y le matarán.» Cuán seriamente buscó Él recalcar para sus discípulos el hecho de su cercano sacrificio y cuánto deseó su simpatía; pero ¡cuán duro es el corazón humano! ¡Cuán difícil le resulta ganarnos para Él! Estaba profetizado que el Cristo tendría que padecer (Lc. 24:46), dijo Él; pero lo más triste de todo fue el fracaso de sus amados discípulos de entender la carga que llevaba al acercarse a la cruz.

Santo Hijo del Hombre, danos corazones susceptibles y amorosos para que estemos en íntima comunión contigo en todas las cosas. Amén.

RESCATE POR MUCHOS

Porque el Hijo del Hombre... vino... para dar su vida en rescate por muchos. *(Marcos 10:45)*

«En rescate por muchos.» Cristo aparece aquí como el que pagó el castigo por los pecados del mundo. Él vio que éramos pecadores sujetos al juicio de la ira de Dios, y tomó nuestro lugar y pagó el precio por nuestra liberación con su propia sangre. Escucha el sonido de las gotas de sangre cayendo de sus manos, pies y costado heridos. Eso está diciendo que Él pagó el precio por *mis* pecados y por los pecados de todo el mundo. Él quisiera que todos los seres humanos lo creyeran y recibieran el don de la vida eterna. Cuán especial y precioso es Él para nosotros, pues somos lavados en su sangre y libres para siempre del castigo que merecíamos.

Señor, que nuestras almas rescatadas se eleven en alabanza y adoración a tu glorioso nombre. Amén.

UN HIJO SUYO AMADO

Teniendo aún un hijo suyo, amado, lo envió también a ellos, diciendo: Tendrán respeto a mi hijo. *(Marcos 12:6)*

El Salvador se encuentra en Jerusalén. Los escribas y los principales sacerdotes fueron a Él para preguntarle acerca de su autoridad. Jesús le responde mediante la parábola de los labradores malvados, en la que habla del trato que sufrieron los siervos que fueron enviados para recibir el fruto. Este relato —tan antiguo y tan actual— habla de las actitudes de los hombres hacia Dios. Al fin envió a su Hijo, su amado Hijo, pero ellos le echaron mano, le mataron y lo arrojaron fuera de la viña. ¿Cómo pudo suceder esto? Muchos le han echado hoy fuera de las escuelas y también de muchas iglesias, a pesar de que la civilización y las ventajas que disfrutamos hoy se las debemos a Él.

Hijo de Dios amado, te entronizamos hoy en nuestro corazón. Ayúdanos a adorarte como sólo tú mereces y que también experimentemos tu gran amor por nosotros. Amén.

EL CRISTO, EL HIJO DEL BENDITO

¿Eres tú el Cristo, el Hijo del Bendito? *(Marcos 14:61)*

El tribunal está en sesión. El sumo sacerdote preside. Algunos testigos falsos presentan acusaciones contra el Señor Jesucristo, pero no coinciden entre ellos. El sumo sacerdote le hace una pregunta: «¿Eres tú el Cristo, el Hijo del Bendito?» Y Él responde: «Yo soy.» No negó el título, sino que hizo una confesión directa de su condición de Hijo, de su herencia, poder y futura venida en gloria. Y cuando Él vuelva, quiera Dios que nos encontremos entre los que le recibirán en las nubes y con las huestes celestiales le aclamemos diciendo: «¡Bendito sea nuestro Salvador y Señor!»

Señor Jesucristo, el Hijo del Bendito, que venga pronto aquel día y otórganos hoy tu preciosa bendición por medio de la sangre del nuevo pacto en el Señor Jesús. Amén.

REY DE LOS JUDÍOS

Pilato le preguntó: ¿Eres tú el Rey de los judíos? Respondiendo él, le dijo: Tú lo dices. *(Marcos 15:2)*

Nuestro Salvador y Maestro puso su sello sobre este título en un tiempo cuando los judíos estaban sometidos a Roma y Él mismo era un prisionero ante el juez. Pero Él es «Rey de los judíos». Sí, *Rey de reyes y Señor de señores.* Pilato un día comparecerá delante de Él para ser juzgado y el pueblo judío le aclamará al fin como su rey. Él es el Rey. Démosle el lugar que por derecho le corresponde en nuestro corazón. ¿Cómo podemos servirle hoy? Quizás orando de manera definida y específica por los judíos y dándoles testimonio del gozo que tenemos en conocerle, amarle y servirle.

Señor, recuerda a tu antiguo pueblo y a todos los que buscan darte a conocer entre ellos. Ayúdanos a testificar de ti clara y eficazmente. Amén.

HIJO DEL ALTÍSIMO

Este será grande, y será llamado Hijo del Altísimo. *(Lucas 1:32)*

En este mensaje del ángel a María vemos una notable coincidencia. En Marcos 5:7, el espíritu inmundo del hombre que moraba en los sepulcros le dio a Jesús un título semejante: «Hijo del Dios Altísimo.» El título que se le da aquí es en cumplimiento del Salmo 132:11: «En verdad juró Jehová a David, y no se retractará de ello: De tu descendencia pondré sobre tu trono.» El heredero de David reinaría como Hijo del Dios Altísimo, y ese momento sólo espera a que la iglesia se complete como su cuerpo. Hagamos todo lo mejor cada día ganando almas para Cristo a fin de acelerar el día cuando estaremos con Él y reinaremos con Él.

Hijo del Altísimo, ante ti nos inclinamos y te adoramos. Ayúdanos a glorificar tu nombre en este día. Amén.

DIOS MI SALVADOR

Y mi espíritu se regocija en Dios mi Salvador. *(Lucas 1:47)*

La palabra griega de la que traducimos aquí «Salvador» es «soter» y significa «presencia». ¿No deberíamos imitar a María en glorificar a nuestro Salvador y regocijarnos en la obra completa de salvación que Él ha hecho a nuestro favor? Nunca es lo que *nosotros* somos sino lo que *Él* es. Nuestro gozo está en Él, y nos regocijamos con gozo indescriptible y lleno de gloria al enfrentar este día con corazones alegres. ¿No tendremos un corazón compasivo hacia los que no le conocen?

Amado Salvador, guíanos como Pastor a glorificar hoy tu nombre en nuestros esfuerzos por ganar almas para ti. Amén.

UN CUERNO DE SALVACIÓN

Y nos ha levantado un cuerno de salvación en la casa de David su siervo. *(Lucas 1:69, La Biblia de las Américas)*

Aquí tenemos un título que sugiere la fortaleza y el poder de nuestro Salvador: «Cuerno de salvación.» La palabra «cuerno» tal como se usa en las Escrituras significa «fortaleza» y aparece a menudo en la literatura hebrea. El toro manifiesta su fortaleza mediante sus cuernos. El Señor Jesucristo es nuestra fortaleza y una auténtica ayuda en momentos de dificultad (Sal. 28:7; 37:39; 92:10; 118:14). «Pero la salvación de los justos es de Jehová, y él es su fortaleza en los tiempos de angustia.» Usted puede ser tentado y probado hoy. Puede que tenga cargas que sobrellevar. Déjele ser su «cuerno de salvación».

Señor, fortalécenos hoy con el poder de tu Espíritu para nuestro servicio a ti. Que el cuerno de tu salvación resuene por toda la tierra. Amén.

PROFETA DEL ALTÍSIMO

Y tú, niño, profeta del Altísimo serás llamado. *(Lucas 1:76)*

Escuchemos la voz de Zacarías, padre de Juan el Bautista, expresar la hermosa profecía concerniente a su hijo que sería el profeta del Señor que prepararía su camino. A nuestro Señor le llaman aquí «el Altísimo». Descendió de las alturas de la gloria para nacer en un establo. «Profeta» en el Nuevo Testamento significa «el que manifiesta públicamente», y a nosotros, los redimidos del Señor, nos han comisionado con este título. Tenemos el encargo de manifestar esta gran revelación de la Biblia relacionada con nuestro exaltado y altísimo Salvador y Maestro.

Gloria a Dios en las alturas, Rey de reyes y Señor de señores, a quien reconocemos y reclamamos como nuestro. Amén.

LA AURORA NOS VISITARÁ DESDE LO ALTO

Por la entrañable misericordia de nuestro Dios, con que la aurora nos visitará desde lo alto. *(Lucas 1:78, La Biblia de las Américas)*

Zacarías está inspirado para seguir hablando de la venida del Mesías. Se ha sugerido que la gloria del amanecer se veía sobre los montes que rodeaban Jerusalén y la gloria dorada del sol aparecía en el horizonte a medida que sus labios expresaban las palabras inspiradas por el Espíritu de Dios. «La aurora nos visitará desde lo alto.» Quizá la gloria de la mañana llevó a la mente de Zacarías el mensaje de Isaías: «Levántate, resplandece; porque ha venido tu luz, y la gloria de Jehová ha nacido sobre ti.»

Padre, antes de emprender nuestras tareas diarias, elevamos los ojos a ti con corazones agradecidos y abrimos nuestra alma a tu Espíritu Santo para que nos llene con la gloria del Cristo resucitado que anhelamos regrese pronto. Amén.

CRISTO EL SEÑOR

Os ha nacido hoy, en la ciudad de David, un Salvador, que es CRISTO el Señor. *(Lucas 2:11)*

Los cielos se abren ahora y el ángel del Señor anuncia el mensaje: «Nuevas de gran gozo.» Este mensaje iba dirigido a los humildes pastores, y significará mucho para nosotros si podemos, en humildad de corazón, ocupar nuestro lugar con los pastores, reconociendo nuestra indignidad y aplicando la verdad a nuestros propios corazones: «Os ha nacido hoy... un Salvador... Cristo el Señor» (El Ungido, el Gobernante). Ya no tenemos que gobernarnos a nosotros mismos, Él lo hará mucho mejor para nuestra felicidad.

Señor, con gozo sometemos nuestra voluntad a la tuya y nos rendimos por entero a ti. Ayúdanos a glorificarte en este día. Amén.

EL NIÑO

Hallaréis al niño envuelto en pañales, acostado en un pesebre. *(Lucas 2:12)*

De nuevo se oye la voz del ángel que habla a los pastores: «Cristo el Señor —el niño— acostado en un pesebre.» Cuán fácil sería para los pastores el encontrarle. Ningún otro bebé recién nacido estaría «acostado en un pesebre», sólo uno, y ese es el amado, el señalado entre diez mil. A veces los santos exaltan su origen humano y su lugar de nacimiento, pero Él iba a ser una bendición para los más humildes. ¿No habrían doblado los animales sus rodillas —si es que hubieran sentido el significado del evento— en homenaje al Bebé? Cuán triste es saber que millones en nuestra propia tierra no han doblado todavía sus rodillas ante Él.

Señor, que nosotros los cristianos, que llevamos tu nombre, nos inclinemos hoy con humildad ante ti y nos sometamos a tu voluntad y derramemos nuestro corazón en gozosa alabanza a tu nombre, el Bebé de Belén. Amén.

LA CONSOLACIÓN DE ISRAEL

Había en Jerusalén un hombre llamado Simeón, y este hombre, justo y piadoso, esperaba la consolación de Israel. *(Lucas 2:25)*

Simeón era justo y piadoso y esperaba la «Consolación de Israel». «Consolación» significa «paracleto» (el que viene a nuestro lado) y es un término que se usa para pensar o hablar acerca del Espíritu Santo que mora en nosotros y nos dirige en nuestra vida diaria. Simeón esperaba la liberación de los judíos por medio del Mesías prometido. Como nación no le recibieron, pero algunos sí lo hicieron y fueron consolados. Israel tendrá todavía la prometida consolación, como Pablo fue consolado por el poder del Espíritu enviado por Cristo y que moraba en él (1 Ts. 1:5).

Señor, que confiemos todo el día sobre el poder consolador de Cristo que mora en nosotros. Amén.

LA SALVACIÓN DE DIOS

Porque han visto mis ojos tu salvación. *(Lucas 2:30)*

El anciano y piadoso Simeón, ocupando su lugar en el templo, tomó al niño Jesús en sus brazos y, contemplando su rostro, elevó sus ojos al cielo y dijo: «Ahora, Señor, despides a tu siervo en paz, conforme a tu palabra; *porque han visto mis ojos tu salvación.*» Mucho había esperado, mucho había orado y mucho había deseado verle. El Espíritu de Dios le había revelado que el deseo de su corazón le había sido concedido y que estaba contemplando al divino Salvador y que la muerte ya no representaba ningún temor para él. Hay una solución adecuada para las inquietudes y preocupaciones del mundo: «La Salvación de Dios.» Las almas hambrientas, enfermas y heridas lo están esperando.

Señor, guíanos hoy en el servicio para tu gloria. Ven tú, amado Salvador, a traernos tu consuelo en nuestras derrotas y tu aliento en nuestras victorias. Amén.

LUZ PARA REVELACIÓN A LOS GENTILES

Luz para revelación a los gentiles, y gloria de tu pueblo Israel. *(Lucas 2:32)*

La tierra ha sido un mundo de oscuridad desde que Adán y Eva prestaron atención a la tentación de Satanás. No había esperanza hasta que Dios dijo: «Y pondré enemistad entre ti y la mujer, y entre tu simiente y la simiente suya; ésta te herirá en la cabeza, y tú le herirás en el calcañar» (Gn. 3:15), una promesa de una victoria venidera para una raza caída. El que es la luz de los gentiles es la luz del mundo (Mt. 4:16). La luz brilló para Israel primero, pero Israel rechazó sus benditos rayos. La luz de nuevo iluminará para los que ahora vagan por una tierra de oscuridad. ¿Cuál es el deber de los creyentes? ¿No es poner en alto la Luz para que el mundo de los pecadores en tinieblas puedan entrar en comunión con Cristo?

Señor, tú que eres Luz, ayúdanos a brillar en este día como luces en un mundo oscuro hasta que llegue el resplandor de tu venida. Amén.

GLORIA DE TU PUEBLO ISRAEL

Luz para revelación a los gentiles, y gloria de tu pueblo Israel. *(Lucas 2:32)*

El mensaje de Pablo fue «primero para los judíos», pero aquí los gentiles aparecen mencionados los primeros. Los judíos se apartaron de Jesús y no le permitieron que reinara sobre ellos, pero los gentiles tampoco le recibieron, sólo unos pocos. La gloria descansará sobre Israel cuando Él vuelva con el cetro en la mano para reinar sobre una tierra reconstruida. La gloria de la *Shekinah*, manifestada en el tabernáculo y en el templo, brillará de nuevo sobre su pueblo amado, y Jesús —el judío— será la gloria de Israel en aquel día. Amemos a los judíos y procuremos testificarles del evangelio de la gracia de Dios.

Señor Jesús, tú que eres la gloria de tu pueblo Israel, recuerda a tu pueblo perseguido y ayúdanos a amarlos. Danos el ánimo y el poder para llevar tu evangelio a todo el mundo. Amén.

UNA SEÑAL

Este niño... será una señal que muchos rechazarán. *(Lucas 2:34, Versión Popular)*

Nuestro Señor Jesucristo fue una señal clara para Israel. Las profecías habían declarado desde hacía mucho que Israel sería probado cuando apareciera el Mesías. Algunos le creerían y le seguirían; otros le rechazarían y le crucificarían. Cuando Pilato le preguntó a Cristo: «¿Eres tú rey?» Él respondió: «Yo para esto he nacido, y para esto he venido al mundo.» Pobre Pilato, tenía la evidencia delante de sí, pero no la aceptó. ¿Dónde está él? La Señal también ha sido dada a nuestra tierra. ¿Dónde están las multitudes? Las buenas noticias de Cristo serán proclamadas una y otra vez, pero muchos no las aceptarán.

Señor, ten compasión de nuestro pueblo. Inspira a tus siervos a que sean valientes y veraces en hacer sonar la alarma. Mediante tu gracia llama a muchos a tu reino. Amén.

EL NIÑO JESÚS

Se quedó el niño Jesús en Jerusalén. *(Lucas 2:43)*

Aquí tenemos la primera noticia acerca de Jesús como un jovencito de doce años, interesado en los asuntos de su Padre celestial. Escuche lo que dijo cuando José y María lo buscaron: «¿No sabíais que en los negocios de mi Padre me es necesario estar?» La historia de su vida es una sorpresa constante. Dios manifestado en carne, un niño; con palabras de sabiduría saliendo de sus labios, un mensaje para todos nosotros. «Estad ocupados (haced negocios) hasta que yo venga.» Cada discípulo —hombre o mujer— es un negociante y nuestro negocio es el más importante de todos en el mundo. Hagamos un lema para nuestra vida diaria de las palabras del niño Jesús: «En los negocios de mi Padre me es necesario estar.»

Señor, ayúdanos a estar bien ocupados en este día en tus negocios y llevar a cabo los negocios del reino en la fábrica, la calle, en el hogar y en todo lugar donde tú nos abras puertas. Amén.

MÉDICO

> Él les dijo: Sin duda me diréis este refrán: Médico, cúrate a ti mismo. *(Lucas 4:23)*

El Señor había estado en Galilea. Su fama se había esparcido por toda aquella región, pues había hecho grandes milagros. Regresó a Nazaret, donde había crecido y vivido por años, y predicó en la sinagoga en el día de sábado sobre el pasaje de Isaías 61:1-3, diciéndoles: «Hoy se ha cumplido esta Escritura delante de vosotros.» Las personas que escucharon estas palabras dijeron: «¿No es este el hijo de José?» Jesús entonces les citó nuestro versículo, un proverbio entre los judíos. ¡Qué gran error cometieron! Él *era* el gran Médico de amor. Él *es* el Médico divino, capaz de «hacer las cosas mucho más abundantemente de lo que pedimos o entendemos». ¡Cuán pocos le conocen como tal y cuán pocos le buscan!

Señor, tú eres el Médico divino; vamos a ti y confiamos en ti para atender todas nuestras necesidades. Amén.

SEÑOR DEL SÁBADO

> Y les decía: El Hijo del Hombre es Señor aun del día de reposo. *(Lucas 6:5)*

Él es «Señor del sábado» y el Hacedor del cielo y de la tierra. «Sin él nada de lo que ha sido hecho, fue hecho.» Él es lo que declara ser o, de lo contrario, es el más grande impostor que jamás haya vivido. Es legal y bueno hacer el bien en sábado. Servir a otros es servir al Señor del sábado. Él estaba, junto con sus discípulos, arrancando y comiendo trigo en sábado, y en sábado sanó al hombre con la mano seca. El sábado era el día santo en el Antiguo Testamento. Usted puede hoy resolver bien todos sus problemas en relación con el día del Señor preguntándose: «¿Qué haría el Señor en este día?» Entonces, todo lo que haga, y si come y bebe, hágalo para la gloria de Dios.

Señor Jesús, oramos que cada día sea un buen día para ti por medio de nuestra vida. Amén.

UN GRAN PROFETA

Glorificaban a Dios, diciendo: Un gran profeta se ha levantado entre nosotros; y: Dios ha visitado a su pueblo. *(Lucas 7:16)*

Cuatro siglos habían transcurrido desde que Malaquías había fallecido e Israel había estado sin una voz profética. Ahora están animados por la presencia de Jesús y glorifican a Dios. Israel no estaba olvidado. La Palabra de Dios era verdad. Jesús era un gran profeta; sí, más grande de lo que ellos sabían. Humilde, compasivo, sin pompas ni exhibiciones, pero extraordinario en sus obras. ¿Reconocemos *nosotros* su grandeza? ¿Creemos en sus profecías y promesas? ¿Las hemos hecho nuestras y nos beneficiamos de ellas y damos gloria a su nombre?

Señor, ayúdanos a creer cada palabra de tu Libro profético y a poner por obra cada uno de tus mandamientos. Amén.

EL CRISTO DE DIOS

Él les dijo: ¿Y vosotros, quién decís que soy? Entonces respondiendo Pedro, dijo: El Cristo de Dios. *(Lucas 9:20)*

Jesús estaba orando aparte y de pronto les preguntó a sus discípulos: «¿Quién dice la gente que soy yo?» Y después de que ellos le respondieron, les hizo la pregunta directa de nuestro texto: «¿Y vosotros quién decís que soy?» Los discípulos se vieron compelidos a reconocer sus dones celestiales, su grandeza, su poder y su Espíritu, pero les resultaba difícil pensar de Él como alguien que tenía que sufrir persecución y morir a manos de los judíos. Pero Él sabía todo lo que estaba por delante y caminó firmemente hacia la cruenta cruz en la que moriría. Hoy la iglesia que profesa ser de Cristo se siente inclinada a rechazar el tema de la sangre expiatoria, pero para aquellos de nosotros para quienes Él es «el Cristo de Dios» le adoramos más fervientemente a medida que comprendemos mejor las profundidades de su sacrificio y sufrimiento.

Señor, que te reverenciemos hoy en nuestro corazón como el «Cristo de Dios», el que se entregó por nuestros pecados. Amén.

EL PADRE DE FAMILIA

> **Después que el padre de familia se haya levantado... él respondiendo os dirá: No sé de dónde sois.** ***(Lucas 13:25)***

Aquí encontramos un nuevo título para el Señor: «Padre de familia.» ¡Cuán apropiado es! La «casa» es el cielo donde Él reina. La apelación tiene la intención de animar a los creyentes a esforzarse a hablar a los no creyentes de que hay cielo e infierno, y que sólo hay una *puerta* al cielo: Cristo Jesús. ¿Por qué no hacemos más claro y obvio para las personas las terribles consecuencias de fallar en escuchar su voz *ahora*, y que habrá un tiempo cuando será tarde?

Amado Señor, que trabajemos y oremos diligentemente que seamos fieles en instar a las personas en cuanto a la necesidad de decidirse por Cristo. Amén.

EL INVITADO

> Al ver esto, todos murmuraban, diciendo que había entrado a posar con un hombre pecador. *(Lucas 19:7)*

Zaqueo se sintió muy honrado cuando Cristo se invitó a sí mismo a quedarse en su casa. ¡Cuánto le agradó a nuestro Señor! Él sabía que Zaqueo quería verle y fue a buscarle para convertirse en su invitado. Cuánto nos felicitaríamos a nosotros mismos si alguna persona importante viniera a nuestra casa para comer. Qué alboroto organizaríamos y cuánto presumiríamos de ello. ¿Es que acaso no se lo diríamos a todo el mundo: «Alguien muy importante va a venir a quedarse en mi casa»? «¿Quién es?» «Es el Rey de gloria. Aquel que sostiene el universo en el hueco de su mano.»

Invitado bendito, ayúdanos hoy a ensalzarte y glorificarte delante de todos. Limpia nuestros corazones y hazlos tu hogar. Amén.

UN HOMBRE NOBLE

Dijo, pues: Un hombre noble se fue a un país lejano, para recibir un reino y volver. *(Lucas 19:12)*

El escenario de este cuadro es notable. El Señor está de pie rodeado de judíos, se halla a la sombra de un palacio construido por Arquelao, un hombre noble que había ido a Roma para recibir del César un reino. Nuestro Señor es el Noble cuyo rostro se vuelve hacia la tierra más allá del cielo y de donde un día Él volverá. «Ocúpense de mis cosas hasta que vuelva», es su mensaje. Él nos ha confiado, como sus siervos, los tesoros más valiosos del cielo: Tiempo, oportunidades, los dones del Espíritu Santo y un mundo completo en el que llevar a cabo el negocio más importante. Son nuestros estos grandes privilegios y debemos rendir cuentas de los mismos.

Señor, danos agudeza de visión y sabiduría para usar nuestras oportunidades en la inversión de nuestra vida para ti. Amén.

EL ESCOGIDO DE DIOS

Sálvese a sí mismo, si éste es el Cristo, el escogido de Dios. *(Lucas 23:35)*

Cristo se encuentra en la cruz. Ora pidiendo: «Padre, perdónalos...» La gente está allí observándole, los gobernantes se mofan y se burlan de Él. ¡Qué escena! ¡Qué insulto! *¿Si* éste es el Cristo, el *escogido* de Dios? La gente hace lo mismo hoy. Los interrogantes crecen a medida que pasan los días, pero el título que le dieron en tono de burla es ciertamente verdadero y lo encontramos de nuevo en 1 Pedro 2:4. Escogido desde antes de la fundación del mundo y el único que podía ser escogido para la gran obra de la redención.

Eterno Padre, tú le escogiste a Él y también a nosotros. Danos la gracia de adorarte y glorificarte hoy en todas las cosas. Amén.

PROFETA, PODEROSO EN OBRA Y EN PALABRA

> Entonces él les dijo: ¿Qué cosas? Y ellos le dijeron: De Jesús nazareno, que fue varón profeta, poderoso en obra y en palabra delante de Dios y de todo el pueblo. *(Lucas 24:19)*

Algunos le odiaban y otros le adoraban. Poderoso en la vida y poderoso en su muerte y resurrección. Los líderes pensaron que le habían eliminado, y algunos piensan hoy en hacer lo mismo. Le crucificaron en cumplimiento de las Escrituras, pero está vivo hoy. Vive en los corazones de millones que estarían dispuestos a dejarse crucificar por Él. Cristo vivirá por toda la eternidad, y cada palabra que pronunció se cumplirá fielmente.

Profeta poderoso, ayúdanos a asirnos de tu Palabra con fe creciente y a permanecer fieles hasta que tú vengas. Amén.

EL VERBO

> En el principio era el Verbo, y el Verbo era con Dios, y el Verbo era Dios. *(Juan 1:1)*

Llegamos hoy al Evangelio de Juan en el que vamos a encontrar muchos títulos correspondientes al Hijo de Dios. Aquí nos encontramos con el primero: «El Verbo.» El libro de Génesis comienza con la creación, pero Juan comienza con el Creador. El Verbo (la Palabra) tiene que ver con todo lo que haya existido y exista. «El Verbo era Dios.» ¡Qué gran fundamento tiene nuestra fe cuando sabemos que Jesús era el Verbo y que el Verbo era Dios! Cada día podemos enfrentar, si queremos, este hecho tremendo, y al sentir el palpitar de nuestro corazón, escuchamos una voz que dice: «¡Dios!» Al contemplar los cielos y las nubes: «¡Dios!» El sol, la luna, los árboles, las flores, los seres vivos, todos claman: «¡Dios!» Sin Él: ¡Nada! Con Él: ¡Todo!

Verbo viviente, que nos has dado la Palabra escrita, ayúdanos a morar en ti en este día. Amén.

LA LUZ DE LOS HOMBRES

En él estaba la vida, y la vida era la luz de los hombres. *(Juan 1:4)*

Dios dijo: «Sea la luz; y fue la luz» (Gn. 1:3). Toda forma de vida procede de Cristo (El Verbo) y la luz también. El Verbo es vida, y una Palabra que da vida. La luz del mundo es Jesús. Visualicemos todo el mundo en la oscuridad del pecado, caminando inseguro, a tientas, agitados y sin esperanza. *Nosotros* tenemos la luz de la vida, le vemos cara a cara, nos gozamos en la luz de su gloria. Tengamos compasión de los que están espiritualmente ciegos y oremos por ellos. Llevemos la luz de su evangelio glorioso a las almas en tinieblas. Digámosles que se levanten porque la Luz ha venido y la gloria del Señor brillará sobre ellos.

Ayúdanos, Señor, a caminar en la luz al tiempo que tenemos comunión contigo y unos con otros. Y que nos esforcémonos por hacer que caigan las escamas de los ojos de los incrédulos. Amén.

LUZ VERDADERA

Aquella luz verdadera, que alumbra a todo hombre, venía a este mundo. *(Juan 1:9)*

«Aquella *luz* verdadera.» Esto establece el contraste con las *luces* falsas, de las que hay muchas en el día de hoy. Satanás está muy ocupado enviándolas por medio de sectas falsas, maestros falsos y enseñanzas falsas. Las luces falsas deslumbran los ojos, pero nunca revelan la verdad o le traen resplandor al alma. La oscuridad del pecado, la incertidumbre de la vida, el negro panorama del futuro, le asedian al pecador que se tambalea por el camino, sin Dios y sin esperanza. Dios nos ha establecido como luces. Que nuestras lámparas iluminen hoy para que ayudemos a algunos que andan en la oscuridad a ver a Jesús como la verdadera luz del mundo.

Señor Jesucristo, que seamos hoy buenos testigos de la luz de tu Palabra y de la luz de tu propia persona. Amén.

EL UNIGÉNITO DEL PADRE

> Y aquel Verbo fue hecho carne, y habitó entre nosotros (y vimos su gloria, gloria como del unigénito del Padre), lleno de gracia y de verdad. *(Juan 1:14)*

Esta declaración es la más sublime de todas en las Escrituras: Dios se hizo carne. Juan vio su gloria. ¡Qué maravilloso! Esa gloria fue manifestada en la persona del unigénito del Padre: Cristo Jesús. Él es la Personalidad Única en la historia del mundo: Dios y hombre, sin pecado y perfecto en todo. «Grande es el misterio de la piedad: Dios fue manifestado en carne.» Debe ser Dios para perdonar el pecado y debe ser hombre para expiar el pecado. De forma que el Dios-hombre es nuestro Salvador.

Te adoramos a ti, Unigénito del Padre, con todo nuestro corazón. Ayúdanos a caminar y a hablar contigo en este día. Amén.

EL CORDERO DE DIOS

> El siguiente día vio Juan a Jesús que venía a él, y dijo: He aquí el Cordero de Dios, que quita el pecado del mundo. *(Juan 1:29)*

¿Cómo diremos en unas pocas palabras todo lo que brota de nuestro corazón y que aflora en nuestros labios? «El Cordero que carga con nuestros pecados» es una mejor traducción, porque Él quita el pecado *cargando* con Él. Él cargó con los pecados de los que le recibieron mientras estaba aquí en la tierra y los quitó cuando pagó por el pecado en la cruz y derramó su sangre expiatoria. ¡El Cordero *de Dios*! Nadie más podía ser el Cordero de Dios. Él fue la ofrenda *voluntaria*. ¿Qué podemos hacer? Creer en Él, aceptarle, entregarnos a Él para que sea nuestro Salvador y Señor.

Que cada día tengamos nuestros ojos fijos en ti, Cordero de Dios, y que nunca pensemos que hay algo demasiado bueno para dártelo o demasiado difícil para que tú lo hagas. Amén.

EL HIJO DE DIOS

> Y yo le vi, y he dado testimonio de que éste es el Hijo de Dios. *(Juan 1:34)*

Juan el Bautista no le había conocido como el Mesías aunque sí le había conocido como el hijo de María. Pero cuando el Espíritu Santo descendió sobre Jesús en su bautismo, Juan le reconoció como el Hijo de Dios y dio testimonio de ese hecho. Ese testimonio de Juan el Bautista es claro: Jesús es el Hijo de Dios. Él es el prometido en las Escrituras. No *un* Hijo de Dios, como algunos de nuestros ilustres críticos dice condescendientemente, sino *el* Hijo de Dios. Deberíamos procurar ser como Juan el Bautista, una señal anunciadora que apunta hacia Jesús y dice: «He aquí el Hijo de Dios.» Juan expuso su vida por su lealtad al Hijo de Dios. Que estemos dispuestos a sufrir lo que sea para que nuestro testimonio sea cada vez más claro y convincente acerca de Él.

Señor, ayúdanos a encaminar a alguien hacia ti en este día y como Juan el Bautista, a preparar el camino del Señor en todo lo que hagamos. Amén.

RABÍ

> Respondió Natanael y le dijo: Rabí, tú eres el Hijo de Dios; tú eres el Rey de Israel. *(Juan 1:49)*

«Rabí» significa «Maestro» y se usa siete veces en el Nuevo Testamento. Natanael reconoció a Jesús como un maestro y Él fue ciertamente el más grande Maestro que jamás ha vivido. Un estudio cuidadoso de los cuatro evangelios para averiguar cómo enseñó Jesús: su método, su estilo y su propósito, es mejor que cualquier otro entrenamiento para maestros de la Biblia. Cristo fue un verdadero maestro. Enseñó la verdad y fue capaz de hacerse entender por personas de poca cultura. Usó palabras que los hombres podían comprender. Ilustró sus mensajes de una manera práctica. «Gran multitud del pueblo le oía de buena gana.» Ese fue ciertamente un gran elogio.

Señor, ayúdanos a enseñar con nuestros labios y con nuestra vida. Oramos que esa sea la manera en que enseñemos hoy. Amén.

EL REY DE ISRAEL

Respondió Natanael y le dijo: Rabí, tú eres el Hijo de Dios; tú eres el Rey de Israel. *(Juan 1:49)*

Cuando Felipe encontró a Natanael, este último dijo: «¿De Nazaret puede salir algo de bueno?» Pero cuando Natanael entró en contacto con Cristo fue presto en dar testimonio de su deidad y de su condición mesiánica. El Señor no falló en reconocer este excelente testimonio y le dio una gran promesa a Natanael: «De aquí adelante veréis el cielo abierto, y a los ángeles de Dios que suben y descienden sobre el Hijo del Hombre.» Él vería a los ángeles. Los oraciones ascenderían en el nombre de Cristo y las respuestas nos vendrían por medio de Cristo. También podemos ver los cielos abiertos si tenemos fe.

Señor, en tu nombre elevamos hoy nuestras oraciones y esperamos las respuestas. Amén.

EL HIJO UNIGÉNITO DE DIOS

Porque de tal manera amó Dios al mundo, que ha dado a su Hijo unigénito, para que todo aquel que en él cree, no se pierda, mas tenga vida eterna. *(Juan 3:16)*

Aquí tenemos el versículo bíblico más conocido y amado. ¡Qué gran revelación de Dios, de Cristo, de las profundidades del poder del amor! ¿Cómo pudo hacerlo? Abraham entregó su hijo y Dios en su gracia se lo devolvió vivo; pero el *Hijo de Dios* —el Hijo de su amor, su Hijo unigénito—, fue dado a un mundo perdido de hombres pecadores. ¿Cómo lo hizo? Haciéndose hombre como nosotros. ¡Maravillas del amor divino! ¡Cómo debería estimular esto nuestro corazones! ¡Cuánto deberíamos amar a Dios por su don inefable! ¡Cómo deberíamos amar a nuestro Señor Jesucristo, el Hijo unigénito de Dios!

Señor, ayúdanos a que vibre hoy, y todos los días, nuestro corazón por las personas perdidas y que les testifiquemos de las buenas noticias de salvación. Amén.

EL DON DE DIOS

> Respondió Jesús y le dijo: Si conocieras el don de Dios, y quién es el que te dice: Dame de beber; tú le pedirías, y él te daría agua viva. *(Juan 4:10)*

Qué escena tan conmovedora tuvo lugar en el pozo de Samaria. El Señor se había desviado de su camino para encontrarse con esta mujer pecadora que iba al pozo a horas en que las otras mujeres no solían ir. Era una mujer afligida y sin esperanza; pero alguien la amaba con amor santo. Él está allí y se revela a la mujer como el «don de Dios». Él es el don de Dios para todos nosotros. ¿Qué don tenemos nosotros para Él? Rindámonos por completo al Señor con todo lo que somos y tenemos.

Señor, ayúdanos a imitar la manera en que la mujer samaritana fue con el mensaje: Venid, ved a un hombre, es el don de Dios. Amén.

MESÍAS

> Le dijo la mujer: Sé que ha de venir el Mesías, llamado el Cristo; cuando él venga nos declarará todas las cosas. *(Juan 4:25)*

No hay otro libro como la Biblia y nunca lo habrá. La entrevista de Cristo con la mujer en el pozo y su revelación de sí mismo es única y contraria a todo concepto que se podía haber hecho de Él. Los samaritanos, al igual que los judíos, esperaban la venida del Cristo (El Ungido). Esta era la promesa dada en Deuteronomio 18:18. Esta mujer habría sido la última en ser elegida para semejante revelación, pero su corazón fue llenado de una vez con el Espíritu de vida y esperanza, y sus labios dieron un testimonio, humillante para ella, pero de salvación para la multitud. Que nuestros labios puedan dar también un testimonio tan sincero, emocionante y convincente.

Señor, haznos como esta mujer samaritana. Que bebamos profundamente en el pozo de la salvación y compartamos el agua viva con otros. Amén.

EL SALVADOR DEL MUNDO, EL CRISTO

> Porque nosotros mismos hemos oído, y sabemos que verdaderamente éste es el Salvador del mundo, el Cristo. *(Juan 4:42)*

El testimonio de una mujer hace que aflore en los labios de muchos este título: «El Salvador del mundo, el Cristo.» Jesús se quedó durante dos días en aquel pequeño pueblo de Samaria y frutos hermosos se cosecharon para su gloria. Estas personas, al contrario de los judíos, no reclamaron señales ni milagros. Le tomaron su palabra, como nosotros debemos hacer. Cuando Él habla es Dios quien habla. «Nosotros mismos hemos oído.» La necesidad del mundo hoy es la experiencia de creyentes que se manifiesta en devoción a Cristo y en testimonio personal a un mundo hambriento.

Cristo, Salvador del mundo, bautízanos con el espíritu de servicio a ti. Amén.

EL PAN DE VIDA

> Jesús les dijo: Yo soy el pan de vida; el que a mí viene, nunca tendrá hambre; y el que en mí cree, no tendrá sed jamás. *(Juan 6:35)*

Respondiendo al clamor de la humanidad materializado en la petición: «Señor, danos siempre este pan», Jesús dijo: «Yo soy el pan de vida»; esto es, el pan que da vida eterna. Esta respuesta resuelve para siempre la cuestión. Él es el *verdadero Pan*, el *Pan de Dios*, y el *Pan de vida*. ¿Cómo va a ser distribuido este Pan? Debe ser dado a conocer a un mundo ignorante. Los términos sobre los cuales puede ser recibido deben ser expresados claramente. Jesús dijo: «El que a mí viene, nunca tendrá hambre; y el que en mí cree, no tendrá sed jamás.» ¡Cuán sencillo! El «don de vida» es un don de *amor*. Nunca pongamos obstáculos en el camino de un pecador hambriento. No hay nada que hacer, sino sólo creer, recibir, aceptar. Nada más.

Señor, ayúdanos a salir al mundo cargados con el Pan de vida para dárselo a los hambrientos. Que nunca demos alimento que no satisface. Amén.

LA LUZ DEL MUNDO

Otra vez Jesús les habló, diciendo: Yo soy la luz del mundo; el que me sigue, no andará en tinieblas, sino que tendrá la luz de la vida. *(Juan 8:12)*

«Y dijo Dios: Sea la luz; y fue la luz» (Gn. 1:3). «Y separó Dios la luz de las tinieblas.» Nuestro Señor dice ahora: «Yo soy la luz del mundo.» El mundo es un lugar oscuro y sombrío, pero «Dios es luz, y no hay ningunas tinieblas en él». Si le seguimos nunca andaremos en tinieblas. Al «andar en luz» tenemos comunión unos con otros y reflejamos la gloria de su persona en la oscuridad del mundo. «Levántate, resplandece; porque ha venido tu luz, y la gloria de Jehová ha nacido sobre ti.» Él quiere manifestarse por medio de la vida de los suyos y de la luz de la Palabra.

Señor, tú que eres la Luz del mundo, brilla en nuestro corazón y a través de nuestra vida. Amén.

YO SOY

Jesús les dijo: De cierto, de cierto os digo: Antes que Abraham fuese, yo soy. *(Juan 8:58)*

La vida de Abraham estaba limitada. Conocemos la fecha de su nacimiento y de su fallecimiento; pero no hay límites para la vida del Señor Jesucristo. Él siempre existió, nunca fue creado, es el Eterno, el que siempre vive. Antes de la creación del mundo Él era el «Yo soy». «Sin él nada de lo que ha sido hecho, fue hecho.» ¡Él era Dios! ¡Maravilla de las maravillas! ¡Dios manifestado en carne! ¡Dios dialogando con el hombre! ¡Dios en la cruz! ¡Dios en la gloria y en su venida en las nubes! ¡Grande es el misterio de Dios!

Hijo de Dios, Hijo del Hombre, a la diestra de la gloria de Dios. Nos inclinamos ante tu presencia y decimos con la más profunda reverencia: «Santificado sea tu nombre.» Amén.

LA PUERTA DE LAS OVEJAS

Volvió, pues, Jesús a decirles: De cierto, de cierto os digo: Yo soy la puerta de las ovejas. *(Juan 10:7)*

¿Qué contraste podría ser mayor que el existente entre el «Yo soy» y este título: «Yo soy la puerta»? El Señor pinta aquí una escena y usa una alegoría mediante la que se presentan la oveja, el redil y el pastor. Él se da a sí mismo una posición muy peculiar: «La puerta de las ovejas.» Él es la puerta mediante la cual se tiene entrada al cielo. «El que por mí entrare será salvo.» Pon tu mano sobre la puerta —Cristo Jesús en la cruz— y entra en el redil. Allí hay seguridad y libertad. Hay alimento para las ovejas, agua y descanso. Libres de las trampas del Satanás y llenos de gozo y paz. ¿Qué más podíamos pedir o desear?

Amado Señor, pastoréanos hoy en tus brazos. Amén.

EL BUEN PASTOR

Yo soy el buen pastor; el buen pastor su vida da por las ovejas. *(Juan 10:11)*

Tendremos varias meditaciones sobre nuestro Señor como pastor, pero aquí Él habla de sí mismo como el «Buen Pastor». Dios es bueno y Jesús es Dios. Por lo tanto, Él es bueno. Si pudiéramos parar por unos momentos y sentir su presencia, anhelando hablarnos en tonos del más profundo amor, con sus ojos maravillosos fijos en nosotros, y su santo deseo de atraernos tiernamente hacia sí, ¿no diríamos de Él: «Él es bueno, murió por mí.»? ¿No estarían llenos nuestros corazones de amor ferviente por Él?

Amado Pastor, ayúdanos a caminar muy cerca de ti hoy. Amén.

LA RESURRECCIÓN

> Le dijo Jesús: Yo soy la resurrección y la vida; el que cree en mí, aunque esté muerto, vivirá. *(Juan 11:25)*

Aquí el Señor une su propio título de «Yo soy» con la resurrección. Nos viene a decir: «Yo soy el don de la resurrección para todo el que cree en mí. Aunque muera, todo el que cree en mí, vivirá.» La fe en Él es equivalente a la vida eterna y eso asegura nuestra resurrección. Porque Él vive, nosotros viviremos. La muerte puede llegarnos, pero será sólo como una sombra, que pasará y nos dejará en la plenitud de la luz de la vida eterna. El que resucitó a Cristo de entre los muertos también resucitará nuestro cuerpo. Mediante su resurrección Él conquistó a la muerte! ¡Alabado sea el Señor!

Señor Jesús, ven pronto y cambia nuestro cuerpo natural en la semejanza de tu cuerpo glorificado. Amén.

EL GRANO DE TRIGO

> Jesús les respondió diciendo: Ha llegado la hora para que el Hijo del Hombre sea glorificado. De cierto, de cierto os digo, que si el grano de trigo no cae en la tierra y muere, queda solo; pero si muere, lleva mucho fruto. *(Juan 12:23, 24)*

Un grano de trigo es tan pequeño que difícilmente se sujeta entre los dedos sin que se caiga, y con todo es asociado con su gloria. Debe morir a fin de que dé mucho fruto. También nosotros si queremos ser semejantes a Él. Cuán duro es para el orgullo humano hacerse como un grano de trigo y luego morir para este mundo. Pero escuchemos las palabras de su testimonio y veamos su ejemplo. ¿Deseamos de verdad ser semejantes a Él?

Señor, ayúdanos a considerar esta verdad hoy y a desear ser semejantes a ti. Que muramos a nuestros deseos con el fin de resucitar a vida nueva. Amén.

MAESTRO

Vosotros me llamáis Maestro, y Señor; y decís bien, porque lo soy. *(Juan 13:13)*

«Maestro» es alguien con la capacidad y la autoridad para enseñar y Cristo lo era en grado sumo. Debemos aprender de Él porque Él es la verdad y revela la verdad a los hombres. Él nos ha dejado sus palabras de sabiduría y debemos sentarnos a sus pies y aprender de Él. Reconocemos esta posición de nuestro Señor mediante la obediente sumisión a su autoridad y viviéndolo diariamente. Él conoce el pasado, el presente y el futuro. Oremos:

«Señor, enséñanos tu voluntad mediante tu Palabra. Ayúdanos a conocer, entender y vivir con gozo esa voluntad tuya.» Amén.

EL CAMINO

Jesús le dijo: Yo soy el camino. *(Juan 14:6)*

Él es el camino, un camino sin desvíos. El camino estrecho y derecho, el único camino que lleva directamente al Padre. Hay mil caminos que llevan a la destrucción, a la oscuridad eterna y a la separación del Padre. Satanás tiene muchos agentes que señalan hacia su malvado camino, pero Cristo es la «señal indicadora» que dice: «Este es el camino, ve por él.» Cuando andamos por el Camino andamos en la luz. Hacemos la jornada con Él en dulce comunión. ¡Qué viaje más gozoso! El camino está iluminado por su rostro, nos sostiene por la mano y satisface todas nuestras necesidades. ¡Qué grandioso Salvador!

Señor, ayúdanos a mantenernos en contacto contigo mientras vamos caminando por la vida hacia el hogar celestial que tú nos has preparado. Amén.

LA VERDAD

Jesús le dijo: Yo soy... la verdad. *(Juan 14:6)*

Él no es solamente el camino, sino que es la ***verdad***, la «verdad sin contradicciones». Somos hombres de Dios libres porque conocemos al que es la verdad, y la verdad nos hace libres. Él es la verdad acerca de la Palabra de Dios. Escuchémosle decir: «No he venido para abrogar la ley o los profetas, sino para cumplir.» Y «más fácil es que pasen el cielo y la tierra, que se frustre una tilde de la ley.» Qué pena de los pobres estudiantes embaucados en las escuelas, y de los ministros y maestros engañados por el diablo que proyectan ideas erróneas acerca de la Palabra de Dios sobre la cual Cristo ha puesto su sello eterno. Dudar de la veracidad de la Biblia es dudar de Él. No manches tu alma con pensamientos tan irreverentes.

Señor, tú eres la verdad y en ti ponemos nuestros ojos. Guíanos en la verdad todos los días y ayúdanos a honrar la perfección de tu Palabra. Amén.

LA VIDA

Jesús le dijo: Yo soy... la vida. *(Juan 14:6)*

No sólo es Él el camino y la verdad, sino que también es la vida. La vida eterna, el autor y el dador de la vida. Casi nos tambaleamos cuando pensamos en esta declaración del que dejó el cielo y el trono de Dios y vino a la tierra para revelarse a sí mismo y recibir consigo a los que heredarían por medio de Él y participarían con Él es vida eterna. Nuestra corta peregrinación aquí termina pronto y entonces entraremos en la vida eterna, en la vida sin fin.

Señor, cuánto te agradecemos que seas nuestra vida eterna por medio del Espíritu Santo que mora en nosotros. Danos hoy esta vida abundante. Amén.

LA VID

Yo soy la vid, vosotros los pámpanos; el que permanece en mí, y yo en él, éste lleva mucho fruto; porque separados de mí nada podéis hacer. *(Juan 15:5)*

Aquí el Señor se llamó a sí mismo «La Vid» al asociarse por sí mismo con los pámpanos. Él es la raíz y las ramas sobre las cuales nosotros, los pámpanos, debemos depender. La razón de ser de la vid es llevar fruto. La vida está en la *vid*, pero esa vida está también en los pámpanos, y se espera que demos fruto. «El que *permanece* en mí, y yo en él, éste lleva mucho fruto.» No podemos dar fruto por nosotros mismos, dependemos de Él. El deseo del Viñador es que demos fruto y debemos hacernos la pregunta: «¿Soy un pámpano que lleva fruto? Si no, ¿por qué no?» Cuán paciente es nuestro Padre celestial y, a la vez, cuán terrible es el pensamiento: «Puedo ser un pámpano infructuoso.»

Señor, danos la gracia de evitar que tal cosa suceda. Llénanos, Santo Espíritu, para que podamos dar fruto bueno y abundante. Poda en nosotros todo lo que esté muerto. Amén.

EL VENCEDOR

Yo he vencido al mundo. *(Juan 16:33)*

Una imagen gráfica de Cristo —uno de los «mensajes de la última noche»— llena de tremendo interés para cada creyente. Un mundo de aflicción estaba frente a Él y su iglesia se enfrenta también a un mundo de aflicción. «Tendréis aflicción» y la tenemos, pero en Él tenemos paz, la paz de Dios que sobrepasa todo entendimiento. Qué gran bendición es estar en Cristo quien es la fuente de nuestra fortaleza. No hay nada que sea imposible para Él. Le agrada mucho darnos la victoria. Le complacemos cuando confiamos en Él y tomamos por la fe lo que ha comprado para nosotros.

Señor, nos inclinamos en tu presencia y lo dedicamos todo a ti para obtener victoria hoy y para que nuestro Vencedor sea glorificado. Amén.

NUESTRO GUARDADOR

Cuando estaba con ellos en el mundo, yo los guardaba en tu nombre; a los que me diste, yo los guardé. (Juan 17:12)

Esta oración dicha en la noche antes de la crucifixión de Cristo es una de las más dulces y consoladoras. Mientras estaba aquí Él guardó y protegió a los suyos. Ahora que está en la gloria todavía nos guarda y preserva. Satanás, nuestro enemigo, que captó y dominó a Judas, quisiera separarnos de nuestro Señor y lo haría si se lo permitiéramos; pero Cristo es nuestro «Guardador» y podemos confiar en su promesa inquebrantable: «Guardaré en perfecta paz a aquel que permanece en mí porque confía en mí.» El enemigo tiene miles de agentes que procuran hacernos resbalar y destruirnos, pero nada puede separarnos del amor de Dios manifestado en Cristo Jesús nuestro Señor.

A aquel que es poderoso para guardarnos sin caída... al único y sabio Dios, nuestro Salvador, sea gloria y majestad. Amén.

EL ENVIADO DEL PADRE

Como tú me enviaste al mundo, así yo los he enviado al mundo. *(Juan 17:18)*

Fue enviado desde la gloria que tenía con el Padre a este mundo de pecado y de vergüenza para redimir a los hombres pecadores. Él era el apóstol de Dios, el enviado del Padre. Su oración ahora al Padre es para que ellos puedan ser *santificados* (separados) para la gran tarea de la salvación de los hombres como Él fue apartado para la obra de la redención. Esta oración también fue por nosotros. Él dijo: «No ruego solamente por éstos, sino también por los que han de creer en mí por la palabra de ellos» (v. 20). Su santo deseo es que podamos estar en el mundo con el mismo mensaje que Él tenía.

Señor Jesús, ayúdanos a reconocer hoy tu llamamiento y la comisión que nos has dado de salvar almas. Aunque no somos del mundo, envíanos a él. Amén.

EL HOMBRE

¡He aquí el hombre! *(Juan 19:5)*

«¡He aquí el hombre!» Cuán poco sabía Pilato lo que estaba haciendo cuando dio a nuestro Señor aquel título: «El Hombre.» La palabra «hombre» aparece casi tres mil veces en la Biblia, pero hay un sólo «El Hombre», el Hombre que vino del cielo. La palabra en el original es *anthropos* —un ser humano— y eso es lo que Él fue. ¡Increíble! Parece ser demasiado bueno para ser verdad, pero lo es. Por amor de nosotros, con el fin de ser uno con nosotros y cargar con nuestro pecado, se despojó de su vestimenta real y se puso el ropaje de la humanidad, con el fin de revelarnos el propósito del Padre.

Pedimos hoy, en nombre de este Hombre, dirección para este día y que nuestro corazón pueda estar bien sintonizado con Él. Amén.

SEÑOR MÍO Y DIOS MÍO

Entonces Tomás respondió y le dijo: ¡Señor mío, y Dios mío! *(Juan 20:28)*

Tomás fue el discípulo que dudó. Amaba al Señor y estaba dispuesto a morir con Él, pero no pudo creer en que había resucitado corporalmente. Demandó una prueba definida. Habían pasado ocho días cuando se encontró frente a frente con el Cristo resucitado, que le dijo: «Pon aquí tu dedo... mira mis manos... acerca tu mano y métela en mi costado. No seas incrédulo, sino creyente.» Tomás exclamó con un corazón temblando de gozo: «¡Señor mío, y Dios mío!» Cuán amoroso y comprensivo es el Señor con nuestra incredulidad. Cuán paciente es y cuánto anhela que confiemos plenamente en Él. Honrémosle creyendo en Él con todo nuestro corazón.

Nuestro Señor y Dios, ayúdanos hoy a ver las heridas que tú sufriste por causa nuestra y con fe renovada reafirmar nuestra lealtad a ti. Amén.

VARÓN APROBADO POR DIOS

> Jesús nazareno, varón aprobado por Dios entre vosotros con las maravillas, prodigios y señales que Dios hizo entre vosotros por medio de él. *(Hechos 2:22)*

Este es el testimonio de Pedro, el pescador apóstol, concerniente a nuestro Señor, Jesús de Nazaret. «Varón aprobado por Dios.» Él declaró ser el Mesías prometido, el Hijo de Dios, y honró sus declaraciones mediante su vida pública. Sus obras milagrosas fueron la prueba de su poder milagroso. Era Dios en forma humana. Le dio a sus seguidores el ejemplo para un vivir santo. Cuando los creyentes son ungidos por el Espíritu Santo y buscan honrar a Cristo mediante sus palabras y vidas, Dios el Padre les mostrará su aprobación.

Señor, ayúdanos hoy a vivir de tal manera que tú nos apruebes, y así puedas hacer grandes cosas por medio de nosotros para salvación de las almas. Amén.

EL SANTO DE DIOS

> Porque no dejarás mi alma en el Hades, ni permitirás que tu Santo vea corrupción. *(Hechos 2:27)*

La divinidad y la humanidad se unieron en Cristo y era imposible que Él quedara retenido por el poder de la muerte. Pasó por la agonía, pagó el precio y sufrió la separación; pero la muerte no pudo retenerle. La Palabra infalible de Dios había prometido su resurrección y «él se levantó de la tumba». Con su victoria ha roto las ataduras de la muerte para nosotros y con el gozo de la libertad de la nueva vida, estaremos para siempre con Él con cuerpos glorificados.

Que nuestras almas te alaben y glorifiquen en este día, Santo de Dios, y que nos regocijemos en la esperanza de que estaremos pronto contigo. Gracias porque tampoco veremos corrupción. Amén.

EL AUTOR DE LA VIDA

> Y matasteis al Autor de la vida, a quien Dios ha resucitado de los muertos, de lo cual nosotros somos testigos. *(Hechos 3:15)*

«El Autor de la vida», que título tan excelente para el Señor cuando lo vemos en contraste con Barrabás, el asesino que quitó la vida. Uno, el dador de la vida; el otro, el destructor de la vida. Él vino para que los hombres pudiera tener vida y vida en abundancia. Cuántos hay que le ignoran, le rechazan y nunca tendrán el gozo de vivir y reinar con Él por toda la eternidad. ¿Estamos haciendo el mejor esfuerzo para lograr que Él sea conocido entre los perdidos?

Señor Jesús, Autor de la vida, llena nuestro corazón con compasión por las almas perdidas, y ayúdanos a que hoy te demos a conocer a alguna alma. Amén.

EL SANTO HIJO JESÚS

> Porque verdaderamente se unieron en esta ciudad contra tu santo Hijo Jesús, a quien ungiste, Herodes y Poncio Pilato, con los gentiles y el pueblo de Israel. *(Hechos 4:27)*

Pedro y Juan estaban siendo interrogados por el sanedrín acerca de la curación de un hombre cojo. Dieron testimonio de que había sido hecho en el nombre menospreciado de Jesús de Nazaret. El concilio no pudo hacer otra cosa sino dejarlos en libertad. Pedro y Juan fueron en seguida al lugar donde la iglesia se congregaba e informaron de lo que había sucedido, y los creyentes elevaron sus voces en acción de gracias. Glorificaron el nombre del «Santo Hijo Jesús», contra quien los enemigos se habían juntado, y oraron pidiendo que en su nombre se hicieran sanidades, señales y prodigios. Su oración fue respondida.

Señor Jesús, te damos gracias porque tus milagros se están llevando a cabo hoy y seguirá así hasta que tú vengas. Amén.

PRÍNCIPE Y SALVADOR

> **A éste, Dios ha exaltado con su diestra por Príncipe y Salvador, para dar a Israel arrepentimiento y perdón de pecados. *(Hechos 5:31)***

Aquí tenemos un cuadro y un tema para nuestra meditación. Un condenado —un malhechor a los ojos de los hombres, que cuelga de una cruz, muriendo de una muerte horrible, sufriendo las agonías del infierno a fin de que pudiera solucionarse para siempre la cuestión del pecado del hombre y sus consecuencias—, exaltado por Dios a la más alta posición, ¡un Príncipe! Para obtener ese título pagó por el pecado de todos y derramó su sangre por ello. Bajó hasta la máxima profundidad del sufrimiento y humillación humanos, pero fue elevado a la máxima altura de honor y gloria. ¡Ah, la miseria de nuestro pecado lo demandó, pero maravilla de las maravillas: nuestro Salvador lo llevó a cabo!

Señor Jesús, nuestro Príncipe y Salvador, nos rendimos a ti con corazones agradecidos y gozosos. Amén

EL JUSTO

> ¿A cuál de los profetas no persiguieron vuestros padres? Y mataron a los que anunciaron de antemano la venida del Justo, de quien vosotros ahora habéis sido entregadores y matadores. *(Hechos 7:52)*

La palabra «Justo» brotó de los labios de Esteban, el primer mártir, durante el gran mensaje que pronunció ante el sanedrín defendiendo el nombre y la gloria de nuestro Señor Jesucristo. Pagó con su vida por su lealtad al Señor, pero él recibirá el galardón prometido. Fue por medio de su testimonio que el Espíritu de Dios obró en el corazón de Saulo de Tarso para su conversión. ¿Cuánto estamos dispuestos a sufrir por Él?

Bendito Salvador de nuestra alma, haz que arda nuestro corazón de devoción por ti. Haznos fuertes y decididos como defensores de la fe. Amén.

SEÑOR JESÚS

Y apedreaban a Esteban, mientras él invocaba y decía: Señor Jesús, recibe mi espíritu. *(Hechos 7:59)*

Esteban estaba pasando por el fuego del odio judío; pero Dios es fiel para con su leal siervo y mártir y abrió los cielos para él, mostrándole a Jesús sentado a la diestra del Padre en su gloria. El clamor de Esteban fue: «Señor Jesús, recibe mi espíritu.» Su oración fue semejante a la de Cristo en la cruz: «Padre, en tus manos encomiendo mi espíritu» (Lc. 23:46). ¡Qué gran testimonio de la deidad de Cristo! Sólo el que dio el espíritu podía recibirlo. Partir y estar con Cristo era mucho mejor para Esteban, y lo será también para nosotros cuando llegue el momento en su voluntad de llamarnos.

Señor Jesús, ayúdanos a dar buen testimonio de ti, enfrentando con buen ánimo los enemigos e incluso la muerte, para que, como Esteban, te glorifiquemos en la vida o en la muerte. Amén.

SEÑOR DE TODOS

Dios envió mensaje a los hijos de Israel, anunciando el evangelio de la paz por medio de Jesucristo; éste es Señor de todos. *(Hechos 10:36)*

Cristo Jesús es Señor de todos los hombres. Pedro era judío y no quería apartarse de las tradiciones judías, pero Dios le envió una visión del cielo para dejar absolutamente claro que Él no hacía acepción de personas. «Mientras aún hablaba Pedro estas cosas, el Espíritu Santo cayó sobre todos los que oían el discurso.» El Señor ama a todos, murió por todos y nos comisionó para que fuéramos a testificar del evangelio a todos. El mundo es el campo, y cada alma humana tiene una necesidad que debemos satisfacer y de la cual somos responsables. ¡Qué maravilloso Salvador de todos! ¡Qué asombroso evangelio! ¡Qué preciosa salvación!

Señor, repréndenos hoy por nuestro egoísmo, por nuestra falta de obediencia a ti, y lléndanos de tu Santo Espíritu para que podamos ser testigos gozosos a todos los hombres. Amén.

AQUEL VARÓN A QUIEN DESIGNÓ

Por cuanto ha establecido un día en el cual juzgará al mundo con justicia, por aquel varón a quien designó. *(Hechos 17:31)*

Jesús fue ordenado —apartado, comisionado, designado— como el Hombre que juzgaría a toda la raza humana, y la evidencia o prueba de esto es el hecho de su resurrección de los muertos. Será un juicio justo por medio de un Juez justo. Será un juicio imparcial por el que creó todas las cosas y las conoce bien, un Juez santo y libre de error. Tendrá los libros abiertos delante de Él, y nunca podrá haber ninguna apelación a su veredicto. ¿Cuál es su relación con este Varón designado? ¿Está usted listo?

Señor, ayúdanos a ser testigos fieles. Ayúdanos a poner en orden nuestros asuntos y a estar purificados para aquel día. Amén.

JESÚS DE NAZARET

Yo entonces respondí: ¿Quién eres, Señor? Y me dijo: Yo soy Jesús de Nazaret, a quien tú persigues. *(Hechos 22:8)*

Más de veinte veces es llamado el Señor «Jesús de Nazaret» en las Escrituras. Este es un caso sobresaliente. Pablo está contando su experiencia de conversión. Nos dice que las palabras que le llegaron desde el cielo fueron: «Saulo, Saulo, ¿por qué me persigues?» Y en respuesta a su pregunta: «¿Quién eres, Señor?», le dijo: «Yo soy Jesús de Nazaret.» Ese es su nombre *ahora*. Él reconoce, incluso desde la gloria, su título terrenal: «Jesús de Nazaret.» Jesús es Dios. Él hizo los mundos, pero reconoce al pequeño pueblo de Nazaret como el lugar donde vivió en la tierra.

Jesús de Nazaret, queremos ser uno contigo. Guíanos a tu gloria. Tenemos orígenes y deberes terrenales, pero nuestra ciudadanía está en los cielos. Amén.

EL PRIMOGÉNITO ENTRE MUCHOS HERMANOS

> Porque a los que antes conoció, también los predestinó para que fuesen hechos conformes a la imagen de su Hijo, para que él sea el primogénito entre muchos hermanos. *(Romanos 8:29)*

Este es realmente un gran título para el Señor: «El Primogénito.» Adán fue el primero que nació entre los hombres, pero perdió sus derechos y privilegio por causa de su pecado, y Dios estableció que fuera otro Hombre el primogénito, quien tenía que nacer de mujer y ser la cabeza de un gran compañía de hermanos. Dios tiene planes para la raza humana y los está llevando a cabo en este tiempo de la historia. Jesús es el «Primogénito», y nosotros que por su gracia somos los «nacidos de nuevo», estamos siendo conformados a su imagen. Cuando Él venga otra vez, estaremos entre los hijos de Dios que nos reuniremos con Él para siempre.

Nuestros ojos están hoy fijos en ti, Primogénito del Padre, y decimos con todo nuestro corazón que vengas pronto. Gracias porque por tu Espíritu nacimos de nuevo. Amén.

SU PROPIO HIJO

> El que no escatimó ni a su propio Hijo, sino que lo entregó por todos nosotros, ¿cómo no nos dará también con él todas las cosas? *(Romanos 8:32)*

«Su propio Hijo», «Su Hijo amado», «Su Hijo unigénito», el Padre dio lo mejor que tenía, libre y generosamente, de una vez y para siempre por los hombres pecadores. Habiéndonos dado lo mejor que tenía, ¿nos va a negar alguna cosa? ¿Por qué, pues, dudamos de Él? ¿Por qué vivimos esas vidas pobres, egoístas, sucias, cuando el mundo está tan necesitado, cuando los corazones están tan quebrantados y cargados? ¿Por qué fallamos en apropiarnos de lo que Él nos ha ofrecido tan generosamente? ¿No hay aquí para nosotros un reto hoy? Aceptémoslo.

Señor, ayúdanos a creer y con corazones gozosos pedir en el nombre de tu Hijo por grandes cosas para un mundo necesitado. Amén.

BENDITO POR LOS SIGLOS

> De quienes son los patriarcas, y de los cuales, según la carne, vino Cristo, el cual es Dios sobre todas las cosas, bendito por los siglos. Amén. *(Romanos 9:5)*

Mientras recorremos la Palabra de Dios, Cristo la va iluminando con su presencia. Sus títulos son numerosos. ¡Cuán significativo es este de «Bendito por los siglos»! Los judíos no recibieron al Mesías prometido, lo mejor del linaje hebreo. Él era la gloria del *Shekinah* morando en forma humana en el mundo. Pero los ojos de ellos estaban cerrados. Cuántos siglos de dolor siguieron y seguirán viniendo hasta que Él vuelva por los suyos, y entonces vendrá para ellos la más triste de todas las experiencias. Lloremos por los judíos y gentiles que en nuestro tiempo rehusan reconocerle como el «Bendito por los siglos».

Nos inclinamos ante ti hoy y decimos de todo corazón: «Para nosotros tú eres de verdad el Bendito de Dios por los siglos.» Amén.

EL SEÑOR

> Porque todo aquel que invocare el nombre del Señor, será salvo. *(Romanos 10:13)*

Al Maestro le gusta mucho oír el clamor por salvación de un pecador. Cuántas almas hay cansadas y enfermas del pecado que tienen ideas falsas acerca de Cristo y de la salvación. A ellos les gustaría clamar al Señor, pero nadie se lo ha dado a conocer. Necesitan a alguien que vaya y les diga cuánto desea Él tenerlos en su familia. «La fe es por el oír, y el oír, por la palabra de Dios.» Escuchemos las palabras: «¡Cuán hermosos son los pies de los que anuncian la paz, de los que anuncian buenas nuevas!» «Predicar» significa «proclamar», «contar». Si usted es un creyente, entonces es un predicador ordenado por Dios y se le pedirá responsabilidades por su ministerio.

Maestro, Señor nuestro, envíanos hoy para decirles a otros las buenas noticias de amor y salvación. Muchas almas cansadas necesitan tu mensaje. Amén.

EL LIBERTADOR

> Y luego todo Israel será salvo, como está escrito: Vendrá de Sion el Libertador, que apartará de Jacob la impiedad. *(Romanos 11:26)*

Tenemos aquí una profecía asombrosa. El antiguo pueblo de Dios, que cuando se escribió este libro de la Biblia estaba esparcido por todos los países y carecía de tierra propia, excepto ciertos permisos especiales para residir en Palestina, es un pueblo que todavía necesita ser liberado y como nación ellos volverán sus ojos a Cristo como sus Libertador. Serán entonces pueblo de Dios en la tierra y nosotros seremos su pueblo celestial.

Señor Jesús, tú has sido nuestro Libertador. Nos gloriamos en tu nombre. Ayúdanos a ayudar a otros a que te conozcan. Amén.

SEÑOR DE LOS MUERTOS Y DE LOS VIVOS

> Porque Cristo para esto murió y resucitó, y volvió a vivir, para ser Señor así de los muertos como de los que viven. *(Romanos 14:9)*

Cristo es el centro de todos los asuntos relacionados con esta tierra. Él gobierna y reina. Guarda los libros y un día esos libros serán abiertos. Adán y Eva y todos los que hayan vivido en todos los tiempos estarán allí para responder cuando se les nombre. Los santos (o los salvos) serán juzgados por su manera de vivir. Ese será un juicio. Los pecadores serán juzgados, y ese será otro juicio. No habrá evasiones ni excepciones. Todos tendremos que responder y saldar las cuentas. Los hombres deberían vivir teniendo esto en cuenta. ¡Cuán bendecidos se sentirán los que sus pecados estén cubiertos por la sangre de Cristo! Pero cuán triste y doloroso será también para ellos si no buscaron hacer lo mejor para Él.

Señor, que los pensamientos de nuestra mente y las palabras de nuestra boca sean agradables para ti en este día. Amén.

MINISTRO DE LA CIRCUNCISIÓN

> Digo, pues, que Cristo fue hecho ministro de la circuncisión a favor de la verdad de Dios, para confirmar las promesas hechas a los patriarcas. *(Romanos 15:8, RVA)*

De nuevo nos aparece un título que une en el Espíritu tanto a los judíos como a los gentiles como participantes en la gracia de Dios. Cristo vino a los judíos con su mensaje de amor, pero ellos le rechazaron. Se fue a los gentiles y algunos le recibieron. El evangelio de Cristo Jesús es para todos los hombres, porque todos hemos pecado. Vino a buscar a todos porque los amaba a todos. Murió por todos y anhela que todos sean parte de Él. Él es el «Ministro de la circuncisión» y el «Ministro de la cruz». Somos uno en Él.

Cristo bendito, minístranos hoy y ayúdanos a ministrar a otros en tu nombre. Que nuestros corazones estén circuncidados y dedicados a ti. Amén.

PODER DE DIOS

> Mas para los llamados, así judíos como griegos, Cristo poder de Dios. *(1 Corintios 1:24)*

Cuando pensamos en poseer un gran poder, experimentamos una sensación extraña. La adrenalina corre por nuestro ser y pensamos en poder y autoridad. De forma que cuando pensamos en nuestro Señor Jesucristo podemos visualizarlo como el Todopoderoso. De la central eléctrica procede la corriente que ilumina y desplaza las tinieblas; la máquina se llena de potencia y mueve el tren que lleva alimentos y bienes a los pueblos. De igual manera, el Señor Jesucristo es el «Poder de Dios», porque a Él le ha sido entregado todo poder y autoridad. Él habla y las cosas suceden. Y este ser Todopoderoso ha dicho: «Pedid y recibiréis.» ¡Cuán maravilloso es que Él ame a criaturas como nosotros!

Señor Jesús, nos encomendamos y dedicamos a ti hoy y descansamos en el poder de tu amor por nosotros. Ayúdanos a usar el poder sabiamente. Amén.

SABIDURÍA DE DIOS

> **Mas para los llamados, así judíos como griegos, Cristo poder de Dios, y sabiduría de Dios.** *(1 Corintios 1:24)*

Para los que son llamados Cristo es «Sabiduría de Dios». La Biblia nos enseña que la sabiduría es una necesidad principal y, por lo tanto, deberíamos buscarla. El Señor es el almacén de la sabiduría. «Jamás hombre alguno ha hablado como este hombre.» «Si alguno de vosotros tiene falta de sabiduría... pídala a Dios.» «Porque la sabiduría de este mundo es insensatez para con Dios.» Seamos, pues, sabios y busquemos la sabiduría que sobrepasa todo entendimiento.

Señor, guíanos con tu sabiduría al enfrentar hoy los deberes y privilegios del día a fin de que te demos honra y gloria en todo. Amén.

JUSTIFICACIÓN

> Mas por él estáis vosotros en Cristo Jesús, el cual nos ha sido hecho por Dios... justificación. *(1 Corintios 1:30)*

Justificación significa que Dios nos declara «justos». Todo estamos mal y hemos hecho el mal, pero en Él somos declarados justos. Todas nuestras buenas obras (justicia) son como trapos de inmundicia. No había nada en nosotros que nos pudiera recomendar ante Dios y nunca lo habrá. Pero se produce un gran cambio cuando estamos en Él y Él está en nosotros. Dios nos ve como justos *en Cristo Jesús*, porque Él llevó nuestros pecados y pagó por ellos, y su justicia nos es imputada a nosotros. ¡Qué gran gozo es el estar *conscientemente* en Él! ¡Qué terrible precio pagó a fin de ser Él nuestra justicia!

Señor, enséñanos a reconocer en este día nuestra falta de méritos y descansar en el hecho de que tú eres nuestra justicia. Amén.

SANTIFICACIÓN

> Mas por él estáis vosotros en Cristo Jesús, el cual nos ha sido hecho por Dios... santificación. *(1 Corintios 1:30)*

Ser «santificado» es ser «separado», «apartado». Nunca podríamos ser santificados mediante nuestros propios esfuerzos, porque somos absolutamente incapaces, excepto, Señor, que tú seas todas las cosas en nosotros. Estamos en Cristo y lo que Él es, somos nosotros, y lo que Él tiene, nosotros lo compartimos. No somos nada, pero Cristo es todo. Oh Señor, ayúdanos a vernos a nosotros mismos en Cristo Jesús. Tú nos has apartado para ser tus representantes en un mundo perdido. Te representamos en cada hecho y acción de nuestra vida.

Amado Señor, que la meditación de nuestro corazón y las palabras de nuestra boca sean hoy agradables para ti. Amén.

REDENCIÓN

> Mas por él estáis vosotros en Cristo Jesús, el cual nos ha sido hecho por Dios... redención. *(1 Corintios 1:30)*

Cuán terrible es el pecado y su temible consecuencia es quedar «destituidos de la gloria de Dios». ¿Qué persona sensible puede jamás concebir la posibilidad de que un alma con naturaleza pecadora vida con Dios? La gracia de Dios es maravillosa. Él nos ama y dio a su Hijo para nuestra redención, y ese Hijo derramó su sangre para la expiación de nuestros pecados. ¿Quién puede medir la altura, la anchura y la profundidad de semejante amor? ¿No demostraremos nuestro amor por Él rindiéndole todo lo que somos y tenemos para su alabanza y servicio?

Bendito Salvador, ayúdanos a caminar hoy en la luz de tu amor como los redimidos del Señor. Amén.

EL SEÑOR DE GLORIA

> La que ninguno de los príncipes de este siglo conoció; porque si la hubieran conocido, nunca habrían crucificado al Señor de gloria. *(1 Corintios 2:8)*

¡Qué hermoso título! En el trasfondo están los años de la eternidad, lo cual ninguna mente humana puede jamás penetrar. «El Señor de gloria», el Creador de todas las cosas, en quien están activos toda sabiduría y poder. «¡Si la hubieran conocido!» Que pena que los ojos estén cerrados y los corazones endurecidos contra la revelación de nuestro Señor quien descendió de las alturas de la gloria y bajó hasta las profundidades del dolor y del sufrimiento a fin de darse a conocer a los hombres pecadores. Pobres príncipes de este mundo que resisten su ruego de recibirle como Salvador y Señor.

Amado Señor, haz que nuestra meditación acerca de ti hoy nos sea de gran inspiración y aliento. Tu gloria es difícil de comprender, danos la gracia de comprenderla. Amén.

EL FUNDAMENTO

> Porque nadie puede poner otro fundamento que el que está puesto, el cual es Jesucristo. *(1 Corintios 3:11)*

¡Qué gran título tenemos aquí para ti, Señor! Jesucristo, el Fundamento. Ese Fundamento fue puesto desde antes de la creación del mundo. No hay otro. Sobre este Fundamento son edificados todos los propósitos de Dios para el tiempo y la eternidad. Sobre Él es edificada la iglesia, un «templo santo», «una morada de Dios por el Espíritu». ¿Cómo se edifica esta estructura? Mediante el Espíritu Santo actuando por medio de sus amados discípulos quienes están dotados e investidos con poder para ir al mundo y recoger las piedras preciosas de las almas humanas. Que gran tarea nos ha asignado el Señor, trabajando en comunión con Él.

Amado Maestro, sé con nosotros en este día al ir a buscar para ti almas preciosas que se convertirán en piedras de tu templo. Haznos también a nosotros templos apropiados de tu Espíritu. Amén.

NUESTRA PASCUA

> Limpiaos, pues, de la vieja levadura, para que seáis nueva masa, sin levadura como sois; porque nuestra pascua, que es Cristo, ya fue sacrificada por nosotros. *(1 Corintios 5:7)*

Los judíos celebraban la Pascua que conmemoraba su salida de Egipto que Dios llevó a cabo con su «brazo extendido». Era un anticipación de nuestra Pascua, un cordero sin defecto, sacrificado por nuestros pecados, cuya sangre aplicada a nuestro corazón lo limpia del pecado, y cuyo cuerpo quebrantando alimenta nuestra alma. Tenemos en Él una fiesta diaria. Mediante Él somos separados del Egipto mundano y salvados para siempre. Por lo tanto, guardemos nuestra fiesta con los panes sin levadura de la sinceridad y la verdad.

Señor Jesús, nos sentaremos a tus pies en dulce comunión y nos deleitaremos contigo en este día. Por virtud de tu sangre hemos pasado de muerte a vida. Amén.

LA ROCA ESPIRITUAL

> Y todos bebieron la misma bebida espiritual; porque bebían de la roca espiritual que los seguía, y la roca era Cristo. *(1 Corintios 10:4)*

Pablo llama la atención a la peregrinación de los hijos de Israel por el desierto y la compara a la vida de la iglesia. Fueron abastecidos diariamente de manera sobrenatural con comida y agua. El agua era un don de Dios; simbolizaba el agua de vida que brota de la Roca espiritual, que es Cristo. Él es nuestra «Roca» y de su costado abierto fluyen ríos de agua viva. A menudo hemos cantado: «Cristo Jesús, el agua de vida, nos saciará gratuita y abundantemente», y entonces cuán frecuentemente nos hemos olvidado de satisfacer nuestra sed en esa Fuente que nunca cesará de manar por todas las edades.

Señor Jesús, nuestra Roca espiritual, ayúdanos a saciarnos plenamente de tu agua viva hoy. Aunque tú nos la das gratuitamente, necesitamos pedirla a fin de recibirla. Amén.

LA CABEZA DE TODO VARÓN

Pero quiero que sepáis que Cristo es la cabeza de todo varón. *(1 Corintios 11:3)*

Dios reina supremo en este mundo, pero Dios es manifestado en carne en la persona de Jesús, quien es supremo sobre toda la humanidad. Todo ser humano está moralmente obligado a reconocer y obedecer su autoridad. Él es «Cabeza sobre todas las cosas a la iglesia». Cuando la iglesia reconoce su autoridad y es obediente a sus mandamientos se producen unas condiciones muy diferentes de bendición y victoria. Como Cabeza de la iglesia ha dado órdenes de ir «por todo el mundo y predicad el evangelio», pero su mandamiento no ha sido siempre obedecido. Aceptemos su plan y procuremos cada uno cumplir con nuestra parte.

Señor Jesús, nos rendimos a tus plantas hoy. Ayúdanos a contar la historia de la cruz a un mundo perdido. Que tú reines como nuestra Cabeza en todas las cosas. Amén.

PRIMICIAS DE LOS QUE DURMIERON

Mas ahora Cristo ha resucitado de los muertos; primicias de los que durmieron es hecho.*(1 Corintios 15:20)*

Aquí tenemos una declaración bien enfática: «Cristo ha resucitado.» No puede haber discusión sobre este hecho. La existencia misma de la iglesia es la respuesta a los incrédulos. La Biblia, las vidas de los creyentes, todo da testimonio de la realidad de su resurrección. Él es las «primicias», el comienzo, y cada creyente mira hacia adelante con gozosa anticipación a aquel día glorioso cuando sonará la trompeta y «los muertos en Cristo resucitarán primero». Esta es nuestra bendita esperanza, estar con Él y ser como Él para siempre.

Haz de este día un ocasión feliz, amado Cristo, al meditar en esta maravillosa verdad y pensar en ti como el glorioso Señor que viene a buscarnos. Tú eres el comienzo de la vida eterna prometida. Amén.

EL POSTRER ADÁN

Así también está escrito: Fue hecho el primer hombre Adán alma viviente; el postrer Adán, espíritu vivificante. *(1 Corintios 15:45)*

El *primer* Adán fue creado del polvo de la tierra y Dios sopló en él aliento de vida. El *postrer* Adán fue concebido por el Espíritu Santo. Era Dios hecho hombre. El primer Adán fue inocente; el segundo Adán fue santo. El primero se convirtió en un pecador; el segundo era sin pecado. Era Espíritu vivificante; era el dador de la vida y de la luz. Por medio de este postrer Adán, recibimos la fe, la naturaleza que nos preparara para una herencia eterna y nos califica para los goces espirituales de la ciudad celestial.

Señor, tú nos has vivificado por medio del Espíritu que mora en nosotros y meditamos en ti, el postrer Adán, con corazones agradecidos. Extendemos nuestra mirada a aquella ciudad no edificada con manos humanas. Amén.

ESPÍRITU VIVIFICANTE

Así también está escrito: Fue hecho el primer hombre Adán alma viviente; el postrer Adán, espíritu vivificante. *(1 Corintios 15:45)*

Nosotros somos de la tierra, terrenales, pero hemos nacido de nuevo. Lo que fue primero era natural y terrenal; después viene lo espiritual. ¡Cuán asombroso es el milagro de Dios de crear vida eterna en seres caídos! «Él que tiene al Hijo, tiene la vida.» Estos cuerpos mortales se convertirán, por medio de nuestro Señor, como «Espíritu vivificante», en cuerpos gloriosos e inmortales en los que Él morará por toda la eternidad. Qué gran futuro tienen los que tienen sus ojos puesto en el cielo de donde esperamos a Cristo.

Espíritu vivificante, ven pronto. Anhelamos verte. Deseamos recibir nuestro cuerpo glorificado. Amén.

EL SEÑOR DEL CIELO

> El primer hombre es de la tierra, terrenal; el segundo hombre, que es el Señor, es del cielo. *(1 Corintios 15:47)*

El contraste aquí es entre Adán y Cristo. Adán era de la tierra; el Señor era del cielo. El primer hombre fue un fracaso, y todos los hombres nacen en pecado y son fracasos. Por lo tanto, estaba la necesidad del «Hombre del cielo». Nuestros ojos están hoy fijos en Él, «el segundo Hombre». Todos los hombres llevan la imagen de la tierra, pero para llevar la imagen del cielo, Cristo debe ser anhelado por ellos. Busquemos hoy mediante la santa comunión con Él reflejar su imagen en este mundo pecador.

Señor Jesús, ayúdanos a caminar y a hablar contigo hoy y a dejar a un lado al «viejo Adán», a fin de ser conformados a tu imagen. Amén.

IMAGEN DE DIOS

> En los cuales el dios de este siglo cegó el entendimiento de los incrédulos, para que no les resplandezca la luz del evangelio de la gloria de Cristo, el cual es la imagen de Dios. *(2 Corintios 4:4)*

Satanás es el dios de este mundo y el príncipe del poder de las tinieblas. Los ojos de todas las personas no salvas han sido cegados para que no vean a Cristo que es la «Imagen de Dios». Sus mentes están en las cosas terrenales en las que no hay gozo, ni paz ni satisfacción. Satanás odia a nuestro Señor con odio amargo, y a medida que van pasando los días y la venida del Señor se acerca, los poderes cegadores de Satanás son cada vez más evidentes. Este hecho debería conmover nuestro corazón e incrementar nuestro deseo e intensificar el propósito de presentar a Cristo, la Imagen de Dios, a los no salvos.

Señor Jesús, llénanos con tu Santo Espíritu y danos pasión para las almas de los no salvos. Que tu imagen se vea claramente en nosotros. Amén.

EL DON INEFABLE DE DIOS

¡Gracias a Dios por su don inefable! *(2 Corintios 9:15)*

Pablo había estado elogiando a los corintios por sus ofrendas generosas para los santos de Judea. Su corazón está lleno de gozo y se abre en una nota de alabanza al pensar en el gran don de Dios que es su Hijo Cristo: «¡Gracias a Dios por su don inefable!» No había tesoro que Dios pudiera dar comparable al don de su Hijo, y habiéndonos dado a su Hijo, «¿cómo no nos dará con él todas las cosas?» ¿Cómo podría ser posible que el Padre diera a los pecadores su Hijo amado? ¡Cuánto debemos amarle nosotros a Él! ¿Hay algo que seamos o tengamos y que no se lo hayamos entregado?

Amado Señor, ayúdanos a entender y sentir en una forma nueva lo que significa que tú, el Don inefable de Dios, seas nuestro. Amén.

CRISTO

Bendito sea el Dios y Padre de nuestro Señor Jesucristo, que nos bendijo con toda bendición espiritual en los lugares celestiales en Cristo. *(Efesios 1:3)*

Tres veces aparece la palabra «bendito» o «bendición» en este versículo. Dios es un Dios bendito y Él derrama sus bendiciones sobre su pueblo. ¿Cuáles son estas bendiciones espirituales en Cristo? Son dones espirituales, las bendiciones del evangelio (las buenas noticias de parte de Dios). Incluyen el propósito eterno y las promesas preciosas de Dios que son manifestadas ahora, en el futuro y por toda la eternidad. Anótelas al ir leyendo su Biblia. ¿Cuántas encontró? Son para nuestra fortaleza, aliento, satisfacción y perseverancia. Todo ello lo encontramos *en* Cristo y *sólo* en Él.

¡Cuánto nos gozamos, Cristo de Dios, porque por la fe estamos en ti y todas tus bendiciones son nuestras! Ayúdanos a apreciarlas con corazones agradecidos. Amén.

CABEZA SOBRE TODAS LAS COSAS

> Y sometió todas las cosas bajo sus pies, y lo dio por cabeza sobre todas las cosas a la iglesia. *(Efesios 1:22)*

El don de Dios para la Iglesia —que es el cuerpo de su Hijo— era Cristo, al cual levantó de entre los muertos y le sentó a su diestra en los cielos sobre todo gobierno, autoridad, dominio y nombre que se nombra en este mundo y en el venidero. Necesitamos reconocer nuestra exaltada posición —hueso de sus huesos y carne de su carne—, pues fuimos escogidos en Él antes de que el mundo fuera creado y somos tan queridos como la niña de sus ojos. Vivamos gozando de nuestros grandes privilegios, con la seguridad de que por toda la eternidad seremos amados y bendecidos.

Cabeza de la Iglesia, manténnos en una comunión celestial, santa y feliz contigo en este día, y hasta que vuelvas por tu Iglesia. Que tú reines en todas las cosas en nuestra vida. Amén.

AQUEL QUE TODO LO LLENA EN TODO

> La cual es su cuerpo, la plenitud de Aquel que todo lo llena en todo. *(Efesios 1:23)*

La Iglesia es la «plenitud de Cristo». La Iglesia nunca estará completa hasta que el último miembro se haya incorporado al cuerpo. Por tanto, la tarea de la iglesia es buscar con diligencia que los perdidos se salven. Cada alma salvada incrementa su plenitud. La vida de Cristo late en su cuerpo, la Iglesia, y a través de cada miembro individual. ¿Por qué, pues, no estamos llenos de Cristo? Porque no estamos todavía plenamente entregados al Espíritu, que es el que nos imparte la vida de Cristo y el que toma las cosas de Cristo y nos las muestra.

Bendito Santo Espíritu, danos pasión de conocer cada vez más de Cristo, que es el que lo llena todo en todos. Que nos rindamos a ti en cada área de nuestra vida. Amén.

NUESTRA PAZ

Porque él es nuestra paz, que de ambos pueblos hizo uno, derribando la pared intermedia de separación. *(Efesios 2:14)*

«Él es nuestra paz.» Gracias Padre porque lo tenemos todo en Él. En este mundo pobre y decadente tenemos tribulaciones, pruebas, desilusiones y tristezas de toda clase, pero nunca habrá un momento en el que no podamos apoyar nuestra cabeza en su hombro y estar en paz. Cristo ha reconciliado a judíos y gentiles, y ha derribado el muro de separación. Él ha reconciliado a los hombres con Dios. Recordemos sus palabras aquella última noche con sus discípulos: «La paz os dejo, mi paz os doy... No se turbe vuestro corazón, ni tenga miedo.»

Bendito Señor Jesucristo, te miramos a ti con corazones contentos y pedimos que la paz de Dios que sobrepasa todo entendimiento proteja nuestra alma hoy. Tú eres nuestro lugar de descanso. Amén.

UN SEÑOR

Un Señor, una fe, un bautismo. *(Efesios 4:5)*

El apóstol declara en estos versículos y los siguientes una gran verdad concerniente a la Iglesia. La unidad de la Iglesia tiene siete facetas. Un *cuerpo*, compuesto de los creyentes. Un *Espíritu*, el Santo Espíritu que mora en cada creyente y lo une a todos en un lazo común. Una *esperanza*, la bendita esperanza de su venida. Un *Señor*, el Señor de todos. Una *fe*, fundada en Cristo el Señor. Un *bautismo*, por el que somos bautizados en Cristo. Un *Dios y Padre de todos*, el objeto de nuestra fe y en cuyo nombre somos bautizados todos los creyentes. No somos nuestros. Fuimos comprado a gran precio. Somos de Cristo y queremos vivir bajo su dirección y autoridad.

Señor Jesús, ante ti nos inclinamos como Señor de todos y con corazones leales nos sometemos a tu autoridad. Amén.

LA CABEZA

> Sino que siguiendo la verdad en amor, crezcamos en todo en aquel que es la cabeza, esto es, Cristo. *(Efesios 4:15)*

Ya hemos considerado a Cristo como «Cabeza de todas las cosas» (Ef. 1:22), pero aquí le encontramos como Cabeza del cuerpo de creyentes, la Iglesia. Hay inspiración en este pensamiento, pues implica que tenemos que crecer en Él. ¿Cómo vamos a hacerlo? Tenemos su vida en nosotros. La cabeza controla y dirige el cuerpo, y según la necesidad, aporta lo necesario. La nueva naturaleza demanda una aportación que no puede venir de ninguna otra fuente que la cabeza. ¡Qué cuerpo tan maravilloso sería la Iglesia si fuera siempre consciente de su Cabeza y respondiera fielmente a sus deseos!

Señor, ayúdanos a conocerte y como miembros de tu cuerpo, llegar a ser semejantes a ti. Amén.

OFRENDA

> Y andad en amor, como también Cristo nos amó, y se entregó a sí mismo por nosotros, ofrenda... a Dios. *(Efesios 5:2)*

Escuchemos al Maestro hablar en la última noche: «Nadie tiene mayor amor que este, que uno ponga su vida por sus amigos.» ¡Qué gran ofrenda por esos discípulos que le abandonaron aquella misma noche! Él se hizo pecado por nosotros. Dijo en relación con la ofrenda de su vida: «Tengo poder para ponerla, y tengo poder para volverla a tomar.» Nadie podía quitarle la vida sin su consentimiento, el que era sin pecado se ofreció a sí mismo a Dios por el Espíritu eterno.

Señor Jesús, reconocemos tu ofrenda a nuestro favor. Ayúdanos a andar en amor así como tú nos has amado a nosotros, y que nuestra comunión contigo en este día te sea agradable. Amén.

SACRIFICIO A DIOS

> Y andad en amor, como también Cristo nos amó, y se entregó a sí mismo por nosotros… sacrificio a Dios. *(Efesios 5:2)*

La santidad y la justicia de Dios demandaban alguna solución mediante la cual el pecado pudiera ser perdonado y eliminado, a fin de que los hombres pecadores pudieran acercarse a Él y vivieran en comunión con Él. Había sólo un camino. El pecado —la violación de la ley de Dios— debía ser castigado, y el pecador debía ser plenamente justificado. La ley de Moisés no lo podía hacer y tampoco las ofrendas del Antiguo Testamento; pero Dios tenía ya la solución: «Pero ahora en la consumación de los siglos, se presentó una vez para siempre por el sacrificio de sí mismo para quitar de en medio el pecado.» «Consumado es» fueron sus palabras en la cruz. Por medio de su sacrificio nuestros pecados fueron borrados y recibimos también la vida eterna.

Señor, que nunca dudemos en sacrificarlo todo por ti. Que sepamos negarnos a nosotros mismos y darnos a otros. Amén.

OLOR FRAGANTE

> Y andad en amor, como también Cristo nos amó, y se entregó a sí mismo por nosotros… olor fragante. *(Efesios 5:2)*

Cuando Noé salió del arca tomó de todo animal limpio y de toda ave limpia y los ofreció en holocausto a Dios. «Y percibió Jehová olor grato.» Cuando Cristo puso su vida en la cruz se elevó un olor fragante a Dios: el perfume del sacrificio santísimo de su Hijo. ¿Te ha llegado a ti el olor fragante de la cruz? ¿Te ha conmovido y convencido ya el amor de Dios manifestado en el sacrificio de su Hijo?

Nuestro Padre celestial, perdónanos por haber sido tan inconscientes de las maravillas de tu amor. Que su perfume invada e impregne nuestra vida, y por medio de nosotros, la vida de otros. Amén.

SIERVO

> Sino que se despojó a sí mismo, tomando forma de siervo, hecho semejante a los hombres. *(Filipenses 2:7)*

Isaías habló acerca de Él: «He aquí que mi siervo será prosperado, será engrandecido y exaltado, y será puesto muy en alto.» «De tal manera fue desfigurado de los hombres su parecer.» La palabra *siervo* significa «esclavo». Cristo era Dios manifestado en carne, pero «se despojó a sí mismo, tomando forma de siervo». Cristo es el segundo Adán. Es el representante de la humanidad perfecta. Como siervo, «se humilló a sí mismo». Descendió de las grandes alturas —Creador de todas las cosas— para ser siervo de los hombres, llegando hasta la cruz. ¡Qué gran ejemplo para nosotros es el Siervo de Jehová!

Nuestro amado Cristo, ayúdanos a seguir en tus pisadas y ser de verdad tus siervos escogidos. Amén.

AMADO HIJO DE DIOS

> El cual nos ha librado de la potestad de las tinieblas, y trasladado al reino de su amado Hijo. *(Colosenses 1:13)*

A «su amado Hijo» se le atribuye aquí la liberación de los creyentes del poder de Satanás y su traslado al reino de Cristo. Muchos están hoy ignorantes de Él, controlados y sometidos al poder satánico, resistiéndose a la Palabra de Dios y condenándose a las tinieblas eternas. Sólo hay uno que puede liberar a los hombres y es *su amado Hijo*. Nosotros somos los poseedores de esta verdad y la hemos experimentado. ¿Cómo podemos atrevernos a ser indiferentes a tantas almas ciegas que hay a nuestro alrededor, cuando el Hijo amado de Dios anhela que respondan a su llamado de «venid a mí»?

Amado Hijo del Padre, haznos portadores de tu luz para iluminar las almas que viven en las tinieblas. Amén.

LA IMAGEN DEL DIOS INVISIBLE

El es la imagen del Dios invisible, el primogénito de toda creación. *(Colosenses 1:15)*

Nos resulta muy difícil contener exclamaciones de alabanza al ver esta expresión concerniente a nuestro Señor: «La imagen del Dios invisible.» Cuando le vemos a Él vemos a Dios, y cuando oímos su voz escuchamos la de Dios. Le vemos tomar a los niños en sus bazos, y vemos a Dios. Le vemos en el hogar de los amigos, y vemos a Dios. Le vemos alimentando a las multitudes, y vemos a Dios. Hay un solo Dios, y Él es el único Dios. «¡Grande es el misterio!» ¡Grande es nuestra esperanza! ¡Gloria a Dios en las alturas! Le conocemos, le amamos, le esperamos con corazones anhelantes.

Señor Jesús, a ti, en quien reside la plenitud de la deidad corporalmente, te adoramos. Te alabamos, te servimos y te esperamos con anhelo en nuestro corazón. Amén.

EL PRIMOGÉNITO DE TODA CREACIÓN

El es la imagen del Dios invisible, el primogénito de toda creación. *(Colosenses 1:15)*

«El primogénito de toda creación», es decir, de toda criatura creada. Encontramos muchas declaraciones en las Escrituras que dejan bien claro el hecho de que Dios y Cristo son uno. Cristo es la manifestación de Dios. Él une a Dios y al hombre. El Dios invisible se ha hecho visible a los hombres en Cristo Jesús. Él es el Señor soberano de toda la creación natural y de la nueva creación, de manera que está íntimamente ligado a nosotros. Él es también el primogénito de entre los muertos. Podríamos escribir un libro acerca de ello; pero el Libro ya ha sido escrito.

Bendito Señor, el Primogénito, con quien estamos unidos para siempre, ayúdanos a glorificarte hoy. Ayúdanos a verte claramente en tu Palabra, para que también veamos al Padre. Amén.

CREADOR DE TODAS LAS COSAS

Porque en él fueron creadas todas las cosas. *(Colosenses 1:16)*

Él es el Creador de «todas las cosas», visibles e invisibles. Pensemos por un momento. No permita que la magnitud de esta revelación se le escape mientras está contemplando a su amado Señor. ¿Es que no somos propensos a subestimar y a desvalorizar su obra? Veamos como Pablo lo visualiza en Efesios 3:8, 9: «A mí, que soy menos que el más pequeño de todos los santos, me fue dada esta gracia de anunciar entre los gentiles el evangelio de las inescrutables riquezas de Cristo, y de aclarar a todos cuál sea la dispensación del misterio escondido desde los siglos en Dios, que creó todas las cosas.» ¿No deberíamos ocupar nosotros una posición más modesta que Pablo quien se llamó a sí mismo el más pequeño de todos los santos?

Señor, ayúdanos a que el orgullo y la ambición no nos dominen. Manténnos a tus pies en adoración y alabanza. Ayúdanos a darnos cuenta de tu majestad, Creador del universo. Amén.

LA CABEZA DEL CUERPO

Y él es la cabeza del cuerpo que es la iglesia, él que es el principio, el primogénito de entre los muertos, para que en todo tenga la preeminencia. *(Colosenses 1:18)*

La Palabra de Dios destaca este hecho una y otra vez, y lo necesitamos a fin de poder visualizarlo siempre con el espíritu apropiado. La iglesia en su cuerpo y nosotros somos miembros de ese cuerpo. Somos uno con Él. ¿Qué es lo que esto involucra? Debemos reconocer nuestra relación y pensar de Él siempre como nuestra cabeza y buscar en Él la sabiduría y dirección que necesitamos. Debemos procurar caminar gozosamente con Él en comunión viva, hacer su voluntad y agradarle en todas las cosas.

Señor Jesús, Cabeza de la iglesia, ayúdanos a honrarte en este día con nuestras palabras y con nuestro vivir recto. Que de verdad te demos preeminencia en todas las cosas. Amén.

EL PRINCIPIO

El que es el principio, el primogénito de entre los muertos. *(Colosenses 1:18)*

Él es «el principio». ¿Quién es? «El primogénito de entre los muertos.» Mediante su resurrección, Él inauguró una nueva era, el principio de una nueva vida, la vida eterna. Él es «las primicias de los que durmieron», el Príncipe de la vida. Resolvió el problema para siempre al resucitar de entre los muertos, pues conquistó a la muerte. Su resurrección asegura la resurrección de los cuerpos de los que durmieron en Él. El misterio queda resuelto. No puede haber fin para la vida eterna que tenemos mediante la fe en Él, porque es su vida. Detengámonos y meditemos hoy en todo lo que esto significa.

Bendito Señor, tú que eres el principio de la vida que tenemos asegurada para siempre, ayúdanos a darnos cuenta de que tú eres el principio y el fin. Amén.

EL PRIMOGÉNITO DE ENTRE LOS MUERTOS

El que es… el primogénito de entre los muertos. *(Colosenses 1:18)*

Aquí tenemos el origen de la posición de Cristo como cabeza. Él es las «primicias de los que durmieron». Es el originador de la vida espiritual, el «principio de la nueva creación de Dios». Él murió y estuvo entre los muertos. Por medio de su muerte pagó el castigo por el pecado y fue levantado «de *entre* los muertos» para nuestra justificación. Otros fueron trasladados o fueron resucitados, pero volvieron a morir. Él resucitó para no morir nunca más. Esta resurrección garantiza su posición como cabeza y asegura la resurrección de todos los creyentes. Él tiene la preeminencia en todas las cosas.

Señor Jesús, glorificamos tu nombre como el primogénito de entre los muertos y extendemos la mirada hacia aquel día cuando también resucitaremos, y con cuerpos glorificados moraremos para siempre contigo. Amén.

LA ESPERANZA DE GLORIA

A quienes Dios quiso dar a conocer las riquezas de la gloria de este misterio entre los gentiles; que es Cristo en vosotros, la esperanza de gloria. *(Colosenses 1:27)*

Aquí tenemos una revelación que no fue dada a conocer en otros tiempos a los hijos de los hombres, pero que es ahora revelada por el Santo Espíritu a la iglesia. Pablo está constantemente recalcando la maravillosa verdad de la voluntad de Dios como la causa de la obra de la salvación y el gran privilegio otorgado a nosotros de predicarlo. Esta gloria que es tan maravillosa es la prenda de vestir con la cual serán vestidos todos los creyentes cuando Cristo venga por nosotros. Cuánto deberíamos valorar la posesión de «Cristo en nosotros». ¿Lo valoramos y anhelamos que otros puedan poseerlo también?

Señor, danos pasión por las almas para que otros puedan poseer también la «esperanza de gloria». Gracias por las riquezas que poseemos por medio de ti. Amén.

CRISTO NUESTRA VIDA

Cuando Cristo, vuestra vida, se manifieste, entonces vosotros también seréis manifestados con él en gloria. *(Colosenses 3:4)*

¡Aleluya! ¡Qué gran promesa es esta: «Cuando Cristo... se manifieste»! Cambiará estos cuerpos de nuestra naturaleza caída y los transformará en la semejanza de su propio cuerpo glorioso. Nuestra vida está en Él: «Porque para mí el vivir es Cristo.» Él no podía aparecer sin nosotros. Está preparando un lugar para nosotros y un día vendrá por nosotros. La anticipación de esto es el gran incentivo de nuestra vida. Estos cuerpos mortales serán vestidos como su glorioso cuerpo. No puede haber alguna condición en la vida que nos pueda robar el gozo de esta gran verdad. Disfrutemos esto y esperemos con gozo aquel día cuando tendrá lugar este gran cambio.

Señor, nuestra vida, buscaremos honrarte en este día. Que sea un día en el que te agrademos con todas nuestras palabras y obras. Amén.

EL TODO EN TODOS

Donde no hay griego ni judío, circuncisión ni incircuncisión, bárbaro ni escita, siervo ni libre, sino que Cristo es el todo, y en todos. *(Colosenses 3:11)*

Cristo es el creador de todas las cosas. «Sin él nada de lo que ha sido hecho, fue hecho.» Su huella está presente en todas las cosas. «Porque en él vivimos, y nos movemos, y somos.» Él es el principio y el fin de todas las cosas. Él es el criterio mediante el cual todas las cosas deben ser medidas. Todo el poder está en Él. Toda potestad y autoridad le ha sido entregada. Todas las distinciones han sido eliminadas. No hay judío ni griego, anciano o joven, rico o pobre, ilustrado o ignorante, esclavo o libre. Todo lo unifica mediante el Espíritu que mora en nosotros.

Señor, ayúdanos a reconocer esta bendita verdad de que tú lo unificas todo en ti, y de esta manera glorificarte en este día. Ayúdanos a relacionarnos con creyentes de diferentes trasfondos. Amén.

SEÑOR DE PAZ

Y el mismo Señor de paz os dé siempre paz en toda manera. El Señor sea con todos vosotros. *(2 Tesalonicenses 3:16)*

Nuestro Señor es el autor de la paz. Vino para hacer que la paz fuera posible. «La paz os dejo, mi paz os doy.» A fin de disfrutar esta paz maravillosa debemos vivir en comunión con Él. Vivimos en un mundo de agitación y conflicto. El corazón de la humanidad late aceleradamente. «No ha paz para los malos, dijo Jehová.» Cuánta compasión debemos tener de ellos, pues no conocen a Cristo. No lo pueden conocer hasta que los creyentes les hablemos de Él. Nosotros somos sus portavoces. Démosle a conocer hoy con gozo.

Señor de paz, descansamos junto a ti. Tu paz sobrepasa todo entendimiento y te damos gracias por disfrutarla. Que le demos a conocer hoy a alguien tu mensaje de paz. Amén.

NUESTRA ESPERANZA

Pablo, apóstol de Jesucristo por mandato de Dios nuestro Salvador, y del Señor Jesucristo nuestra esperanza. *(1 Timoteo 1:1)*

Él es «Nuestra esperanza». Sus promesas nos afirman y aseguran nuestra fe en Él. Él es el centro de la vida de todo creyente verdadero. No podríamos pensar de la gloria venidera sin tener nuestros ojos fijos en Jesús. El incentivo de una vida fiel es agradarle a Él. ¿Qué puede satisfacernos más que después de un largo de día de trabajos y de cargas recordar que su Palabra fue nuestra consolación y sus promesas nuestra paz? Contemplamos como se levanta el sol y baña las cumbres de las montañas y las estrellas resplandecientes en la noche, todo ello es la anticipación de aquel día glorioso cuando estaremos con Él para siempre.

Señor, tú eres nuestra esperanza, nuestra fe está centrada en ti. Ayúdanos a descansar en ti en este día. Tú eres el ancla de nuestra alma. Amén.

EL MEDIADOR

Porque hay un solo Dios, y un solo mediador entre Dios y los hombres, Jesucristo hombre. (1 Timoteo 2:5)

Dios es uno, pero hay un mediador entre Dios y los hombres, y ese es un hombre; pero ese hombre —alabado sea Dios— es el Hombre Cristo Jesús. «Jesús es el Mediador del nuevo pacto», porque mediante su muerte por la redención de los pecadores Él solo está calificado para actuar en representación del hombre. Él nos ama y murió por nosotros. Cristo es Dios, pero es también la cabeza de la humanidad, y sólo Él tiene la capacidad de ser el Mediador. Cuán maravilloso es Cristo y Él es todo lo que necesitamos.

Bendito Mediador, tú que llevaste nuestros pecados en la cruz, a ti abrimos nuestro corazón, confesamos nuestros pecados y contemplamos con amor y gratitud la sangre de la expiación. Amén.

JESUCRISTO HOMBRE

Porque hay un solo Dios, y un solo mediador entre Dios y los hombres, Jesucristo hombre. (1 Timoteo 2:5)

Hemos considerado a Cristo como mediador y ahora vemos el énfasis sobre Cristo, *nuestro* mediador, como Jesucristo hombre. En estos días cuando tantos le despojan de su deidad, deberíamos regocijarnos en el privilegio que nos es dado de magnificarle como Dios y como hombre. «Grande es el misterio de la piedad: Dios fue manifestado en carne.» Ninguna imagen de la Biblia es tan impresionante y conmovedora, tan calculada para convencer y convertir, como la de Dios muriendo por los hombres. Contemplémosle hoy —con sus brazos extendidos desde su cuerpo ensangrentado— diciendo: «Venid a mí, y yo os haré descansar.»

Cristo crucificado, Dios-hombre, asombrados y admirados ante tu amor te adoramos. Guíanos hoy en nuestra adoración y actividad por ti, y ayúdanos a descansar en tu amor. Amén.

DIOS MANIFESTADO EN CARNE

E indiscutiblemente, grande es el misterio de la piedad: Dios fue manifestado en carne, justificado en el Espíritu, visto de los ángeles, predicado a los gentiles, creído en el mundo, recibido arriba en gloria. *(1 Timoteo 3:16)*

Tenemos aquí un sermón de maravilloso misterio. Se nos da en unas pocas palabras la magnitud de la misión de Cristo al dejar la gloria y descender a la tierra, vestido de carne humana, llevando a cabo su misión divina de redención mientras estaba en forma humana, dejándonos el testimonio de su crucifixión, resurrección y ascensión a su lugar de honor y santidad en la gloria. Nuestro corazón debería estar lleno de reverencia y adoración mientras el Espíritu Santo está poniendo de relieve en nosotros esta gran verdad: Él vino, murió, resucitó, vive en nosotros, y vive en la gloria a la diestra del Padre; y nosotros moraremos para siempre con Él.

Dios Espíritu Santo, ayúdanos a magnificar y glorificar al Dios encarnado. Ayúdanos a entender las grandes verdades de todos sus hechos. Amén.

BIENAVENTURADO Y SOLO SOBERANO

> La cual a su tiempo mostrará el bienaventurado y solo Soberano, Rey de reyes, y Señor de señores. *(1 Timoteo 6:15)*

Este término se usa una sola vez en la Biblia y habla de un «Ser Todopoderoso». Cristo manifestará un poder ilimitado en su venida como Rey de reyes. En este evento final el Señor traerá consigo las coronas de los vencedores que habrán luchado fielmente contra el mal y estarán listos para recibir el galardón prometido, y nadie podrá discutir su autoridad para hacerlo. Pablo está tan dominado por esta visión que prorrumpe con notas de elevada aclamación (léase el versículo 16).

Señor Todopoderoso, nos unimos a tu siervo Pablo y proclamamos el honor y el poder de tu santo nombre y vivimos en la esperanza de tu gloriosa aparición. Amén.

JUEZ DE LOS VIVOS Y DE LOS MUERTOS

> Te encarezco delante de Dios y del Señor Jesucristo, que juzgará a los vivos y a los muertos... que prediques la palabra. *(2 Timoteo 4:1, 2)*

La vida cristiana es para vivirla con seriedad. Es mayordomía para Cristo, y viene un día de rendición de cuentas. *Todos* debemos comparecer delante de Él y rendir cuentas de lo que hayamos hecho estando en el cuerpo. No podemos escapar a la obediencia de su mandamiento: «Id y predicad el evangelio... hacedlo a tiempo y fuera de tiempo.» ¡Cuán importante es esto! La obra de cada uno será probada como por fuego y cada uno será juzgado por lo hecho. Entonces sabremos si edificamos con oro, plata, piedras preciosas, madera u hojarasca. Nadie —ni Dios ni el hombre— podrá cambiar su historial. ¿Está usted listo?

Señor Jesús, esperamos con anhelo tu venida. Ayúdanos a hacer lo mejor en este día para que tu voluntad y tu reino sean conocidos. Dependemos completamente de tu gracia infinita. Amén.

EL JUEZ JUSTO

Por lo demás, me está guardada la corona de justicia, la cual me dará el Señor, juez justo, en aquel día. *(2 Timoteo 4:8)*

En el juicio del que se habla aquí hay una recompensa prometida que Pablo dice que él la recibirá y todos los que aman la verdad concerniente a su venida. Serán coronados y el Señor mismo pondrá la corona sobre la cabeza de los que creen en sus promesas y esperan en Él. Pablo la llama la «corona de justicia». Hay muchas coronas que esperan a los santos. La salvación es un *don gratuito*, pero las coronas les corresponden a los que han vivido en obediencia a la Palabra de Dios. Su sangre derramada debería ser el estímulo para rendirle por completo nuestra vida a su servicio.

Señor Jesús, danos un deseo creciente de verte y de estar contigo. Oramos pidiendo que por medio de la fe, de tu gracia y de la obediencia, podamos recibir la corona que nos tienes preparada. Amén.

LA ESPERANZA BIENAVENTURADA

Aguardando la esperanza bienaventurada y la manifestación gloriosa de nuestro gran Dios y Salvador Jesucristo. *(Tito 2:13)*

Su aparición es la culminación de todas nuestras esperanzas. Él vencerá toda enfermedad, pecado y muerte, y restaurará todo lo que perdimos en el Edén. Él es nuestra esperanza gloriosa, o como dice Pablo, nuestra esperanza de gloria. Él será la culminación de toda la historia, y sus enemigos no podrán oponerse a su voluntad.

Amado Señor, que nunca perdamos la esperanza en tu amor imperecedero y en tu victoria segura en nuestro mundo y en nuestra vida. Amén.

GRAN DIOS

> **Aguardando la esperanza bienaventurada y la manifestación gloriosa de nuestro gran Dios y Salvador Jesucristo.** ***(Tito 2:13)***

¿A quién esperamos? En muchos lugares en las Escrituras se declara que esperamos la manifestación del Señor, de Cristo Jesús quien murió. «Este mismo Jesús, que ha sido tomado de vosotros al cielo, así vendrá como le habéis visto ir al cielo.» Vendrá con su cuerpo glorificado; con las manos que fueron traspasadas; con su costado herido por donde fue derramada su sangre; con su frente con cicatrices donde las espinas dejaron señales. La misma voz que dijo: «Mirad mis manos y mis pies, que yo mismo soy; palpad y ved», nos dará la bienvenida cuando nos encontremos con Él en el aire.

Señor Jesús, esperamos con corazones expectantes y nuestras voces se preparan para entonar el coro del aleluya para decir: «Ven». Ven hoy entre nosotros y santifícanos. Amén.

HEREDERO DE TODO

> En estos postreros días nos ha hablado por el Hijo, a quien constituyó heredero de todo, y por quien asimismo hizo el universo. *(Hebreos 1:2)*

Cuán lógica es la Biblia. Al Señor se le atribuye gloria porque es el creador de todas las cosas. Él hizo los mundos y dice: «Todo lo que tiene el Padre es mío.» Poder sin límite y posesiones sin límite son suyas, y nosotros también le pertenecemos. Alabado sea Dios por esta gran revelación que tenemos de Cristo. Él nos compró con su preciosa sangre. Somos especiales para Él como la niña de sus ojos. Nunca nos dejará ni nos olvidará. Pertenecemos al que es «Heredero de todas las cosas». Nuestras necesidades serán satisfechas porque somos herederos de Dios y coherederos junto con Jesucristo. Mantengamos nuestras cabezas en alto y nuestros ojos mirando hacia el cielo de donde Él vendrá.

Bendito Heredero de todo, tómanos bajo tus alas. Que seamos gloriosamente felices en comunión contigo. Amén.

EL RESPLANDOR DE SU GLORIA

El cual, siendo el resplandor de su gloria. *(Hebreos 1:3)*

¿Quiere visualizar la gloria de Dios? Entonces fije sus ojos en Cristo Jesús. Cuando le vemos a Él, vemos a Dios, porque Él es Dios. ¡Oh, atributos maravillosos de la divinidad! ¡Cuán excelentes son! ¡Cuán fascinante es la Biblia por la que podemos tener una revelación tan preciosa de Dios manifestado en carne! Moisés le pidió a Dios: «Te ruego que me muestres tu gloria» y la respuesta fue: «Yo haré pasar todo mi bien delante de tu rostro.» Con su Biblia en la mano, medite sobre la revelación de Cristo Jesús y regocíjese en Él *como su Señor*.

Padre, que los rayos de luz que emanan de la persona de Cristo iluminen todo nuestro ser hoy. Que nos limpiemos de todas las impurezas que se encuentran en nuestro corazón. Amén.

LA IMAGEN MISMA DE SU SUSTANCIA

El cual, siendo el resplandor de su gloria, y la imagen misma de su sustancia. *(Hebreos 1:3)*

«A Dios nadie le vio jamás; el unigénito Hijo, que está en el seno del Padre, él le ha dado a conocer.» Hemos visto al Padre porque hemos visto al Hijo. Le hemos visto a Él, un hombre entre los hombres, comiendo, bebiendo, viviendo, trabajando con ellos. Cuando se pone un sello sobre una hoja de papel, obtenemos su imagen exacta. Cuando vemos a Jesús vemos al Dios-hombre, una representación *perfecta* de Dios, y vemos al *único* Dios que jamás veremos. Retenga esta verdad y medite en ella por un tiempo, y deje que el Espíritu Santo magnifique a Cristo en usted. Gracias Dios porque hemos visto a Cristo, le conocemos, le amamos, somos uno con Él.

Señor, que nos gocemos hoy en las riquezas de tu amor. Moldéanos y fórmanos más y más en conformidad con tu imagen. Amén.

EL SUSTENTADOR DE TODAS LAS COSAS

> **El cual, siendo el resplandor de su gloria, y la imagen misma de su sustancia, y quien sustenta todas las cosas con la palabra de su poder.** *(Hebreos 1:3)*

Dios es luz. Jesús es el resplandor de esa luz. Dios es el sol y Jesús es el rayo del sol. El sol y su resplandor coexisten. Nosotros vemos los rayos del sol, no el sol mismo. Si usted quiebra un rayo de sol por medio de un prisma, puede ver todos los colores. Cuando Jesús fue quebrantado en la cruz, quedaron manifestadas todas las riquezas de la gloria de Dios. Él que es la imagen perfecta de Dios es también el «Sustentador de todas las cosas». Él creó todas las cosas. Pagó por el pecado. Todas las cosas están en la palma de sus manos. Podemos confiar en Él en todo.

Señor Jesús, te damos gracias por tu obra terminada. Descansamos en ti. Manténnos sinceros y fieles hasta tu venida. Amén.

DIOS

> Mas del Hijo dice: Tu trono, oh Dios, por el siglo del siglo. *(Hebreos 1:8)*

Aquí tenemos la cumbre máxima de los títulos dados a Jesús. «Tu trono, oh *Dios.*» Todos los demás nombres y títulos son inferiores a este. Cuando nació en un establo, Dios estaba allí. Cuando trabajaba en la carpintería, Dios estaba allí. Cuando se asoció con los pescadores, Dios era su compañero. Cuando Él habló, Dios hablaba. Cuando murió en la cruz, era Dios mismo quien derramaba su vida. Cuando venga con «voz de mando», será la voz de Dios la que nos llamará para estar con Él para siempre. Dios el Hijo tiene el cetro y gobierna los mundos, y nosotros reinaremos con Él.

Dios, nuestro Salvador y Rey que viene, adelanta tu venida y enséñanos, por amor de tu nombre, a ayudarte a adelantar ese día. Obra en nosotros como tú solo puedes hacerlo para que seamos semejantes a ti. Amén.

AUTOR DE LA SALVACIÓN

> Porque convenía a aquel... que habiendo de llevar muchos hijos a la gloria, perfeccionase por aflicciones al autor de la salvación de ellos. *(Hebreos 2:10)*

No podemos hacer otra cosa que inclinar reverentemente la cabeza al leer este versículo y meditar acerca del «Autor de la salvación» y su perfeccionamiento. Él era Dios y era hombre, según hemos aprendido. Como hombre tenía que manifestarse en la vida. Es el Hijo de Dios, el Autor de la salvación. Nosotros somos los *hijos* de Dios. Nuestro Líder nos demostró cuál es el modo y el método de la perfección. Él fue tentado, nosotros también lo somos. Sufrió, nosotros también. Fue perseguido, nosotros también. Él pagó el precio, nosotros también lo pagaremos. La meta por Él y para nosotros es la gloria.

Señor, ante ti que eres el Autor de nuestra salvación inclinamos hoy nuestras cabezas y corazones y obedecemos tus órdenes. Gracias por tu promesa de estar con nosotros en todo momento en cada prueba, sufrimiento y dificultad que enfrentemos. Amén.

LA DESCENDENCIA DE ABRAHAM

> Porque ciertamente no socorrió a los ángeles, sino que socorrió a la descendencia de Abraham. *(Hebreos 2:16)*

Este título tan sugestivo nos lleva sin duda a sacar una imagen digna de nuestra consideración. ¿Por qué no socorrió a los ángeles? ¿Es que los ángeles caídos no necesitaban ayuda? ¿Son ellos inferiores a los hombres? ¿Pueden ellos volver a ser ángeles buenos? No, pero aquellos ángeles que cayeron lo hicieron conscientes de todo lo eso significaba. Él vino a los hombres caídos y se vistió como la «descendencia de Abraham» porque anhelaba elevarnos por encima de los ángeles.

Amado Señor, la maravilla de tu obra por nosotros nos asombra. Pedimos que nos libres de ser egoístas. Ayúdanos a dar a conocer la historia de tu amor a otras almas necesitadas. Amén.

EL APÓSTOL

Considerad al apóstol y sumo sacerdote de nuestra profesión, Cristo Jesús. *(Hebreos 3:1)*

Jesús fue un apóstol (o un enviado). Fue enviado con el evangelio (las buenas noticias). Dios envió profetas y ángeles para entregar sus mensajes a los hombres. Envió a Moisés, un gran hombre de Dios. Pero ahora estamos considerando al Apóstol procedente de la mismísima corte celestial. Vino para darnos a conocer el mensaje más maravilloso que los humanos podían recibir: «De tal manera amó Dios al mundo...» ¿Por qué lo amó tanto y cómo fue este amor manifestado? Este Apóstol llevó a cabo su obra y nos ha comisionado a nosotros, los creyentes, para que lo llevemos a los hombres caídos. Somos, pues, sus representantes autorizados. El Apóstol Cristo Jesús fue fiel, ¿lo somos nosotros?

Ayúdanos, Señor, a ser tus enviados, llevando con gozo el mensaje de salvación a los que no lo conocen. Nosotros conocemos el milagro de que tú fueras enviado para nuestra salvación. Amén.

EL CONSTRUCTOR

Porque Él ha sido considerado digno de más gloria que Moisés, así como el constructor de la casa tiene más honra que la casa. *(Hebreos 3:3, La Biblia de las Américas)*

Cristo aparece aquí como el «Constructor» de la casa. Es el apóstol, es el sumo sacerdote y es también el fundamento de la casa. Pablo dice en 1 Corintios 3:9 que somos «edificio de Dios». Somos ahora templos del Espíritu Santo. Cristo mora en nosotros. Estamos siendo edificados en un templo santo de donde surgen las voces de millones de redimidos que cantan alabanzas al Padre y al Cordero que fue inmolado. Dejemos que Cristo lleve a cabo su labor en prepararnos para ocupar nuestros puestos en al templo de Dios, porque Él es el Constructor y sabe lo que está haciendo.

Concédenos, Señor, que tengamos sumisión a tu santa voluntad en todas las cosas en este día. Edifícanos en la casa de tu cuerpo, que es la iglesia. Amén.

EL GRAN SUMO SACERDOTE

> **Por tanto, teniendo un gran sumo sacerdote que traspasó los cielos, Jesús el Hijo de Dios, retengamos nuestra profesión.** ***(Hebreos 4:14)***

Jesús, el Hijo de Dios, es nuestro «Gran sumo sacerdote». ¿Dónde está ahora? En la gloria, sentado a la mano derecha de Dios. ¿Qué hace allí? Es nuestro representante. Podemos ir con confianza al trono de la gracia, y hallaremos ayuda para todas nuestras necesidades. Él es el Hijo de Dios con poder. Él nos ama; tomó nuestro lugar en la cruz, y resolvió todos los cargos que había contra nosotros. Satanás puede acusarnos, pero Cristo es quien nos justifica mediante su obra en la cruz, y eso es suficiente.

Señor Jesús, tú nos representas muy bien en los cielos, ayúdanos a representarte a ti dignamente en la tierra. Te necesitamos para que intercedas por nosotros como nuestro sacerdote eterno. Amén.

SACERDOTE PARA SIEMPRE

> Tú eres sacerdote para siempre, según el orden de Melquisedec. *(Hebreos 5:6)*

Él es nuestro sumo sacerdote, nuestro gran sumo sacerdote y nuestro «Sacerdote para siempre», según el orden de Melquisedec (Génesis 14:18-20), aquel personaje misterioso que tipificaba al Señor. ¿Será Cristo nuestro representante por toda la eternidad? Sí, y *nosotros* seremos *sus* representantes por la eternidad también, porque nuestra nueva vida es eterna. ¡Cuánto alienta nuestro corazón pensar en esas palabras en conexión con nuestra relación con Cristo! Él es nuestro sumo sacerdote para siempre, y nosotros seremos reyes y sacerdotes asociados con Él (Apocalipsis 1:6). Somos pecadores merecedores del infierno, pero por medio de Él somos elevados a las alturas eternas.

Señor, nuestro Gran sumo sacerdote, ayúdanos a honrarte por medio de nuestras palabras y acciones. Que seamos de verdad un reino de sacerdotes que te ofrecen sacrificios espirituales. Amén.

AUTOR DE ETERNA SALVACIÓN

Y habiendo sido perfeccionado, vino a ser autor de eterna salvación para todos los que le obedecen. ***(Hebreos 5:9)***

Cristo fue perfeccionado por medio del sufrimiento. Fue obediente hasta la muerte, y muerte de cruz. A través del duro y cruel camino de sacrificio a la cruz —sufrimiento que nuestra mente no es capaz de comprender—, perfeccionó la manera en que los hombres podían ser salvos. Cuando llevó nuestros pecados en la cruz, la ley inmutable de Dios actuó, y Él sufrió la separación de Dios. Había un solo camino mediante el cual los hombres pecadores podía ser justificados, y era que el Salvador ocupara nuestro lugar, y eso es lo que hizo. Ahora sus discípulos fieles y obedientes comparten con Él esta gloria.

Amado Jesús, sabemos que podemos mirarte a ti, el Autor de nuestra eterna salvación, en todo tiempo de prueba, dolor y sufrimiento, y encontrar la ayuda y el consuelo prometidos. Amén.

EL PRECURSOR

Donde Jesús entró por nosotros como precursor. *(Hebreos 6:20)*

Nuestra esperanza está afincada en nada menos que en la sangre y justicia de Jesús. Nuestra esperanza es como un ancla ubicada más allá del velo. Nuestro Precursor fue antes que nosotros y entró más allá del velo, en el lugar santísimo, en la misma presencia de Dios. Nuestra esperanza está, pues, anclada en Él. ¡Cuán firme, segura y satisfactoria es! Somos parte de Él y nunca seremos separados de Él porque vive en nosotros, y nosotros viviremos y estaremos con Él para siempre. Dejemos que nuestra alma prorrumpa en alabanza y gratitud espontáneas.

Señor Jesús, nuestro gran Precursor, nos gozamos en ti hoy. Tú estás en la gloria y nosotros esperamos el día cuando estaremos contigo y seamos como tú eres. Ven pronto y llévanos contigo. Amén.

REY DE JUSTICIA

Cuyo nombre significa primeramente Rey de justicia. *(Hebreos 7:2)*

Este imagen está tomada del relato sobre Melquisedec, el misterioso rey a quien Abraham le pagó diezmos (Génesis 14). Cristo es el Rey de justicia, porque Él es el Rey de reyes. Él es el justo y el único justo. Nosotros no somos justos, pues todas nuestras buenas obras son como trapos de inmundicia, pero «el fin de la ley es Cristo, para justicia a todo aquel que cree». Nosotros creemos en Él, y la fe nos es contada como justicia. Dios acredita su justicia en nuestra cuenta, a nuestro favor, y quedamos asociados con el Rey de justicia para siempre. ¡Aleluya!

Señor, confesamos nuestra indignidad, pero nos regocijamos en tu obra de redención terminada y en el don de tu justicia para nosotros. Ayúdanos a confiar siempre en tu justicia. Amén.

REY DE PAZ

Y también Rey de Salem, esto es, Rey de paz. *(Hebreos 7:2)*

La justicia es la base de la paz. «No hay paz para los malos, dijo Jehová.» «Porque él es nuestra paz, que de ambos pueblos [judíos y gentiles] hizo uno, derribando la pared intermedia de separación... para crear en sí mismo de los dos un solo y nuevo hombre, haciendo la paz.» Recordemos lo que el Rey de paz dijo: «La paz os dejo, mi paz os doy... No se turbe vuestro corazón, ni tenga miedo.» Él mora en nosotros y nosotros en Él. Jesús vino y predicó la paz. Fue a la cruz e hizo que la paz fuera posible. «Mucha paz tienen lo que aman tu ley.»

Rey de paz, que tu paz que sobrepasa todo entendimiento proteja nuestra alma en este día. Derriba las barreras de separación entre nosotros. Amén.

FIADOR DE UN MEJOR PACTO

> Por tanto, Jesús es hecho fiador de un mejor pacto. *(Hebreos 7:22)*

A veces nos falta seguridad. Temblamos, quizá, y perdemos confianza en la obra completa que Cristo ha hecho a nuestro favor. Pero aquí tenemos esta declaración que afirma que Cristo es nuestro fiador. Él decidió voluntariamente ser nuestro Fiador. Como dijo Pablo, podemos estar seguros de nuestro depósito en el banco del cielo, porque Cristo ha prometido ser nuestra Garantía. «Todo lo que pidiereis al Padre en mi nombre, lo haré.» ¿Por qué tenemos tan poca fe en la palabra que Él nos ha dado? El dar no le empobrece a Él, sino que por el contrario le enriquece. Honrémosle hoy pidiendo, en su precioso nombre, grandes cosas para su gloria..

Señor, contigo como nuestro Fiador no podemos fracasar. Amén.

NUESTRO INTERCESOR

> Por lo cual puede también salvar perpetuamente a los que por él se acercan a Dios, viviendo siempre para interceder por ellos. *(Hebreos 7:25)*

Cristo nos salva por completo, porque Él siempre vive, siempre nos representa y trata todos las acusaciones que se presentan contra nosotros. «Y vio que no había hombre, y se maravilló que no hubiera quien se interpusiese; y lo salvó su brazo, y le afirmó su misma justicia» (Isaías 59:16). El Espíritu Santo también intercede por nosotros con «gemidos indecibles». Satanás puede acusarnos delante de Dios, y a veces tiene razón, pero Cristo está allí. Él cargó con nuestros pecados, sufrió nuestros dolores y resuelve a nuestros favor todas las acusaciones. ¡Qué gran Salvador e Intercesor tenemos!

Amado Señor Jesús, nos acercamos a ti en plena certidumbre de fe. Sabemos que nunca nos dejarás ni nos olvidarás. Glorificamos tu nombre ahora y lo haremos por toda la eternidad. Amén.

APARTADO DE LOS PECADORES

Porque tal sumo sacerdote nos convenía: santo, inocente, sin mancha, apartado de los pecadores. *(Hebreos 7:26)*

Usamos este como un título (o un atributo) del Señor Jesús porque predicadores y maestros se están apartando de creer en la divinidad de Cristo. Recordemos que el problema del pecado sólo podía ser resuelto por un Hombre *sin pecado*, un Cordero *sin mancha*. «Al que *no conoció* pecado, *por nosotros lo hizo pecado*, para que nosotros fuésemos hechos justicia de Dios en él» (2 Corintios 5:21). Pero aunque Él estaba separado de los pecadores no los evitó como nosotros solemos hacer. Nadie los amó como Él lo hizo, el Santo. No debemos olvidar esta enseñanza si queremos ser como Él: amar a los pecadores y seguir su ejemplo.

Amado Jesús, danos un amor genuino por las almas perdidas y pasión por su salvación. Ayúdanos a darnos cuenta de que todos somos pecadores en gran necesidad de ti. Amén.

MÁS SUBLIME QUE LOS CIELOS

Porque tal sumo sacerdote nos convenía:... hecho más sublime que los cielos. *(Hebreos 7:26)*

Este maravilloso Sumo sacerdote, este Cordero de Dios sin mancha, cuando hubo terminado su ofrenda sacerdotal por el pecado, se sentó a la diestra de Dios en los cielos. Todavía le podemos ver, al Cristo eterno, con sus manos y pies heridos dando testimonio de su individualidad e inmutable personalidad. Un día el descenderá de las alturas celestiales y todo ojo le verá. Su voz resonará como voz de arcángel. Él viene por ti y por mí. ¡Maravilla de las maravillas! Nuestra fe en su obra consumada en la cruz nos ha unido para siempre a Él.

Señor, a ti que eres más alto que los cielos te damos gloria y alabanza, y esperamos con corazones gozosos tu venida. Amén.

MINISTRO DEL SANTUARIO

Ministro del santuario, y de aquel verdadero tabernáculo que levantó el Señor, y no el hombre. *(Hebreos 8:2)*

Volvemos al cuadro del tabernáculo y del templo donde oficiaba el sumo sacerdote de Dios. Él representaba a Dios en todas las ceremonias de la asamblea sagrada. Aquí tenemos al Mesías prometido, el Señor Jesucristo, en la capacidad de Ministro (o servidor) del santuario. Él es el Rey, pero es todavía siervo de los hombres, sirviendo a nuestro favor, amándonos y ministrándonos. Al morar en nuestro corazón mediante el Espíritu Santo, lleva a cabo toda función necesaria en la purificación y la preparación de su pueblo para su comunión con Dios.

Te damos gracias, Señor Jesús, por tu maravilloso ministerio a nuestro favor. Que siempre busquemos ir al Padre por medio de ti. Amén.

MEDIADOR DE UN MEJOR PACTO

Pero ahora tanto mejor ministerio es el suyo, cuanto es mediador de un mejor pacto. *(Hebreos 8:6)*

Aarón era el sumo sacerdote del santuario en el antiguo pacto, pero estando Cristo ahora en el cielo, Él es el «Mediador de un mejor pacto», un pacto celestial, un acuerdo de Dios para otorgar bendiciones a los hombres. Él promete escribir sus leyes en sus mentes y grabarlas en sus corazones. Dice: «Me seréis por pueblo y yo seré a vosotros por Dios... no me acordaré de sus pecados.» Recordemos, pues, que nosotros somos su santuario, su templo, y Él perfecciona su obra en nosotros y por medio de nosotros. Reconozcamos y aceptemos su voluntad y dejemos que nuestros templos sean santos para el Señor.

Ayúdanos, supremo Mediador, a que te rindamos todo lo que somos y tenemos. Límpianos y manténnos limpios para que te podamos ofrecer una adoración honrosa y digna. Amén.

EL TESTADOR

Porque donde hay testamento, es necesario que intervenga muerte del testador. *(Hebreos 9:16)*

Un testador es una persona que prepara y deja un testamento, o última voluntad, antes de fallecer. Cristo dejó un testamento y expresó su voluntad. Él murió por nosotros, derramó su sangre voluntaria y generosamente a nuestro favor. Bajo la ley estábamos condenados a muerte. «El alma que pecare, esa morirá.» «La muerte pasó a todos los hombres, por cuanto todos pecaron.» El problema del pecado quedó resuelto para siempre para los que creen en Cristo Jesús, nuestro «Testador». Murió en nuestro lugar, pero ahora vive para siempre y nos representa ante el Padre.

Señor, elevamos nuestro corazón a ti y nos regocijamos en la obra terminada y en el testimonio de nuestro Testador. Tú has sellado para siempre un pacto eterno de misericordia; te alabamos y te bendecimos. Amén.

EL QUE HA DE VENIR

Porque aún un poquito, y el que ha de venir vendrá, y no tardará. *(Hebreos 10:37)*

La vida cristiana se edifica no solamente en el presente sino también en el futuro que no vemos. Nuestra vida es una vida de fe, una fe probada, acrisolada y evidenciada; afincada sobre la Palabra veraz e inmutable de Dios. El Señor nunca ha incumplido una promesa y siempre las cumplirá. Podemos descansar con absoluta confianza en su Palabra escrita y viviente. Nada le agrada más a nuestro Señor que la fe implícita en su Palabra y en su obra. Nada nos da a nosotros más descanso y gozo que esta fe de niños. No debemos dejar zarandearnos por las teorías y las dudas humanas. Cuando nos invada la duda, leamos Hebreos 11.

Señor, esperamos tu venida en las nubes de gloria. ¡Ven pronto! Mientras tanto, dedicamos cada día de nuestra vida a prepararnos para encontrarnos contigo. Amén.

EL GALARDONADOR

Pero sin fe es imposible agradar a Dios; porque es necesario que el que se acerca a Dios crea que le hay, y que es galardonador de los que le buscan. *(Hebreos 11:6)*

Vamos a Dios sólo por medio de Cristo Jesús. «Nadie viene al Padre, sino por mí», dijo Él. Y nuestro Señor Jesucristo es el juez: «Porque el Padre a nadie juzga, sino que todo el juicio dio al Hijo» (Juan 5:22). Él es el que pronuncia sentencia y es también el que entrega el galardón: «He aquí yo vengo pronto, y mi galardón conmigo» (Apocalipsis 22:12). Debemos cumplir con nuestra tarea en su nombre y para su gloria: «Sabiendo que del Señor recibiréis la recompensa de la herencia, porque a Cristo el Señor servís» (Colosenses 3:24). Debemos vivir para Él y estar dispuestos a morir por Él. Nuestro galardón nos espera.

Señor Jesús, nos dedicamos de corazón a ti. Úsanos en este día para tu gloria. Bien sea que vivamos o que muramos, que lo hagamos para ti. Amén.

EL AUTOR DE LA FE

Puestos los ojos en Jesús, el autor... de la fe. *(Hebreos 12:2)*

El autor de nuestra fe es Jesús. Mirémosle a Él, pues la inspiración de nuestra fe la encontramos en Cristo. Él es la «simiente de la mujer» profetizada y prometida, herida por Satanás. Él pagó por el pecado y luego le quitó a la muerte su poder, resucitó en la majestad de su cuerpo glorificado y vendrá un día para herir la cabeza de la serpiente, vencer a Satanás y atarlo para siempre. Cristo nos inspira mediante su muerte sacrificial y sus preciosas promesas. Su mensaje es: «Sígueme. Nunca te dejaré ni te desampararé.» Nuestra respuesta debería ser: «Guíanos, Señor, te seguiremos hasta la muerte.»

Gran Autor de nuestra fe, que mantengamos nuestros ojos fijos en ti y que te sigamos hasta el fin con fe inquebrantable. Te pedimos que completes tu obra en nosotros. Amén.

EL CONSUMADOR DE LA FE

Puestos los ojos en Jesús... consumador de la fe. *(Hebreos 12:2)*

Él es nuestro Capitán y nos dirige con la espada del Espíritu en la mano. Él es el Consumador de nuestra fe. Nuestro amado Maestro nos dio el ejemplo de fe y Él la perfeccionará en nosotros. Vemos a Jesús quien por el gozo puesto delante de Él sufrió la cruz y ahora está sentado a la diestra del Padre. Él *consumó* su obra de fe y por gracia la terminará en nuestra experiencia. Habrá pruebas, sufrimientos y dificultades, pero tengámoslo «por sumo gozo». Él consumó su obra y paso a paso, día a día, nos dirige en ella. Lo mejor está siempre delante de nosotros, aunque quizá el último eslabón sea la cruz, pero entonces le «veremos cara a cara».

Señor, manténnos firmes por el poder de la fe hasta que terminemos nuestra carrera, y que la corramos con gran gozo y con los ojos puestos en ti. Amén.

MEDIADOR DEL NUEVO PACTO

A Jesús el Mediador del nuevo pacto, y a la sangre rociada que habla mejor que la de Abel. *(Hebreos 12:24)*

La vida cristiana es una vida diferente, es una peregrinación por medio de experiencias en el desierto, pero siempre tenemos algo mejor delante de nosotros. Los dinteles de la puerta están rociados de sangre. Estamos, pues, seguros. Las cosas viejas pasaron. La sangre de Jesucristo, el Hijo de Dios, nos limpia de *todo* pecado. La sangre habla de su obra sacrificial y consumada. Descansemos bajo la cruz. Dejemos que el Espíritu aplique a nuestra vida la sangre. Apartémonos del pecado del mundo y seamos testigos del amor de Dios en Cristo.

Señor, danos la gracia de ser cada día testigos de la eficacia de la sangre expiatoria del nuevo pacto. Que nuestra vida muestre que esa sangre es suficiente para todas las necesidades y situaciones. Amén.

MI AYUDADOR

De manera que podemos decir confiadamente: El Señor es mi ayudador. *(Hebreos 13:6)*

¡Cuán diferentes son a veces los creyentes entre sí! Algunos son tímidos. ¿Será debido a que no conocen las promesas? «El temor del hombre pondrá lazo; más el que confía en Jehová será exaltado.» «El ángel de Jehová acampa alrededor de los que le temen, y los defiende.» Valor y convicción son una gran necesidad en el cristianismo actual, convicción basada en la santa Palabra de Dios y en el llamamiento de Dios a servirle. Él ha dicho: «No te dejaré, ni te desampararé.» La fe se aferra a esta promesa y no permite que nada la haga abandonar.

Señor Jesús, nuestro Ayudador, ayúdanos a apoyarnos firmemente en tus preciosas promesas y que tengamos hoy un día gozoso. Que vivamos con valor y confianza sabiendo que tú eres nuestro ayudador en todas las situaciones de la vida. Amén.

EL GRAN PASTOR DE LAS OVEJAS

Nuestro Señor Jesucristo, el gran pastor de las ovejas. *(Hebreos 13:20)*

En el Evangelio de Marcos capítulo 6 tenemos un cuadro conmovedor del Señor Jesús. Se había retirado con sus discípulos a un lugar desierto, cuando Jesús «vio una gran multitud, tuvo compasión de ellos, porque eran como ovejas que no tenían pastor; y comenzó a enseñarles muchas cosas». Él era el pastor prometido. Lo encontramos en este versículo como «el Gran pastor de las ovejas», quien fue levantado de entre los muertos y santificado por la sangre del pacto eterno. Él puede hacernos «aptos en toda obra buena para que hagáis su voluntad» (Hebreos 13:21). ¿Cómo? Obrando en nosotros y por medio de nosotros lo que es agradable delante de Él.

Señor, somos tus ovejas. Tómanos, moldéanos y haz con nosotros como mejor te agrade y te honre, y te daremos toda la gloria. Amén.

EL BUEN NOMBRE

¿No blasfeman ellos el buen nombre que fue invocado sobre vosotros? *(Santiago 2:7)*

Santiago insta a los santos a que no sean parciales en su actitud hacia hombres que tienen riquezas o posición. Su énfasis es en el «buen nombre» de Cristo. Ese nombre es sagrado. «No hay otro nombre... en que podamos ser salvos.» Dios le ha dado «un hombre que es sobre todo nombre... para que en el nombre de Jesús se doble toda rodilla», aunque será demasiado tarde para los que sean obligados a arrodillarse. Es ese nombre invocamos al Padre y mediante ese nombre tenemos entrada al cielo.

Señor Jesús, acudimos mediante tu Buen Nombre para pedir perdón por nuestros pecados de negligencia y pedimos también que nos des la gracia de servirte en este día. Tú eres digno de lo mejor en todo lo que hacemos. Amén.

UN CORDERO SIN MANCHA Y SIN CONTAMINACIÓN

Sino con la sangre preciosa de Cristo, como de un cordero sin mancha y sin contaminación. *(1 Pedro 1:19)*

La familiaridad con los términos bíblicos nos lleva a menudo a minimizar su significado. Tenemos aquí dos palabras tan excelentes que titubeamos en el esfuerzo de hacer comentarios. «Sangre» y «Cordero». ¡Cuán preciosa es la sangre de Cristo! Millones de gotas fueron derramadas a lo largo de los siglos desde Abel hasta Cristo, y cada gota decía: «El Cordero todavía no está, pero vendrá. Nosotros somos el testimonio de su venida.» Por fin el Cordero santo de Dios consumó la obra de la redención. ¿Es Él tan precioso para nosotros que estamos dispuestos a morir por amor a Él?

Cordero de Dios, mi Salvador, que me compraste con tu sangre preciosa, me rindo todo a ti. Gracias por tu obra perfecta de redención. Amén.

LA PIEDRA VIVA

Acercándoos a él, piedra viva, desechada ciertamente por los hombres, mas para Dios escogida y preciosa. *(1 Pedro 2:4)*

Las palabras son inadecuadas para describir los misterios del cielo. No está compuesto de materia inerte como las rocas de la tierra, sino de *piedras vivas* y sobre todo de la Piedra que imparte vida. Nuestro Señor y Salvador está vivo y siempre lo estará. Él vive en los corazones de los redimidos. Es el escogido de Dios. Él es la piedra cortada del monte que desmenuzará los reinos de este mundo. En Él y por medio de Él tenemos vida eterna. Él vive y vivirá por toda la eternidad, y nosotros viviremos en Él y con Él. ¡Aleluya!

Amado Señor, nuestra Piedra viva y Piedra del ángulo, descansamos en la seguridad de tu vida eterna. Manifiesta hoy esa vida por medio de nosotros. Amén.

LA PRINCIPAL PIEDRA DEL ÁNGULO

He aquí, pongo en Sion la principal piedra del ángulo... y el que creyere en él, no será avergonzado. *(1 Pedro 2:6)*

Toda estructura necesita un fundamento, y aquellas de honor especial deben tener una piedra principal del ángulo. Cristo es «la principal piedra del ángulo» del templo más maravilloso que jamás se haya concebido. Este templo está formado de vidas humanas, de santos lavados en la sangre de Cristo por el Dios vivo. Es la morada de Dios el Padre, del Hijo y del Espíritu Santo. Sobre su entrada están escritas las palabras: «Santidad a Jehová.» Desde la cúpula resuena el llamamiento: «¡Aleluya, porque el Señor nuestro Dios Todopoderoso reina!»

Señor, úsanos como instrumentos para invitar a otros a que vengan a tu templo a adorarte. Que toda la tierra te adore, te alabe, te sirva y dé gloria a tu nombre. Amén.

PIEDRA DE TROPIEZO

> La piedra que los edificadores desecharon, ha venido a ser… piedra de tropiezo. *(1 Pedro 2:7, 8)*

La piedra sobre la que todo el mundo fue edificado, sobre la que la iglesia se sostiene y se edifica, es ¡Piedra de tropiezo! ¿Cómo puede ser eso? Para todos los que impíamente le rechazan, como hizo la nación judía, y caen en el abismo, allí hay llanto, clamor y crujir de dientes. Para los que se enorgullecen de su educación, riquezas o posición, y rehusan honrarle, Él es una «piedra de tropiezo». ¡Cuán sutil es Satanás! ¡Cuán duro es el corazón humano! Nuestro corazón se duele por todos los que no le conocen.

Señor, tú eres precioso para nosotros. Ayúdanos a vivir de tal manera delante de los demás que quitemos lo que estorba y nuestro testimonio gane almas para ti. Amén.

ROCA QUE HACE CAER

> La piedra que los edificadores desecharon, ha venido a ser… roca que hace caer. *(1 Pedro 2:7, 8)*

La gran mayoría del pueblo judío rechazó a Cristo a pesar de que Él manifestó las obras y las palabras de Dios. Cristo hizo todo lo posible para ganar a su propio pueblo, pero ellos no le quisieron recibir. Y nosotros también le rechazaríamos si no fuera por la gracia de Dios, pero Él nos ha llamado por su misericordia a través de la obra terminada de Cristo en la cruz. ¿Cómo es posible que nuestro amoroso Salvador llegue a ser para tantos una «Roca que hace caer» en vez de la «Principal piedra del ángulo»?

Señor, que mantengamos nuestros pies en la Roca y nuestro corazón amándote. Que nuestra vida sea santa, sin ofensa para ti ni para nuestro prójimo. Amén.

OBISPO DE NUESTRAS ALMAS

> Porque vosotros erais como ovejas descarriadas, pero ahora habéis vuelto al Pastor y Obispo de vuestras almas. *(1 Pedro 2:25)*

Los ancianos de la primitiva iglesia fueron llamados «obispos», que significa «sobreveedor», y eran llamados a cuidar de las ovejas como pastores. Aquí aparece Cristo ante nosotros como el Pastor principal o supervisor de los pastores. Él es el «Obispo de vuestras almas». Él imparte vida que es eterna, que compró para nosotros mediante su propio sacrificio. Sus ojos no se apartan de las ovejas, con el corazón lleno de amor va detrás de las extraviadas y nunca falla en traerlas de nuevo al rebaño (la iglesia) en el tiempo y la manera oportunos. Dios juzgará a aquellos pastores egoístas e infieles que miran más por sus intereses que por los intereses del rebaño. ¿Anda buscando grandes cosas para usted mismo? No lo haga.

Señor, te reconocemos como nuestro Obispo y nos sometemos gozosamente a tu dirección. Manténnos bajo tu cuidado y danos la gracia de saber extender ese cuidado a otros. Amén.

EL PRÍNCIPE DE LOS PASTORES

> Y cuando aparezca el Príncipe de los pastores, vosotros recibiréis la corona incorruptible de gloria. *(1 Pedro 5:4)*

Ya hemos meditado en nuestro pastor Cristo como la «Puerta de las ovejas», el «Buen pastor», «el Pastor» y «el Gran pastor», y ahora llegamos al clímax con «el Príncipe de los pastores». A Él le ha sido dada toda autoridad y poder. Él dará les recompensas a los fieles y compartirán su gloria. Le visualizamos con su vara y su cayado guiando y cuidando de sus ovejas, dándoles la seguridad de su dirección. Viene un día glorioso en el que Él coronará a las ovejas fieles. ¿Podemos desear algo mejor que el privilegio que ya tenemos de que Él sea el Príncipe de los pastores en nuestro corazón?

Señor, sé para nosotros hoy el pastor amante, compasivo y fiel que conocemos por medio de tu Palabra. Amén.

EL LUCERO DE LA MAÑANA

> Tenemos también la palabra profética más segura, a la cual hacéis bien en estar atentos... hasta que... el lucero de la mañana salga en vuestros corazones. *(2 Pedro 1:19)*

En el Evangelio de Juan leemos: «En él estaba la vida, y la vida era la luz de los hombres.» Disponemos de la Palabra de Dios fiel y verdadera. Es una lámpara a nuestros pies y lumbrera en el camino. Nuestros corazones estaban en la oscuridad de la ignorancia y del pecado, pero cuando Cristo entró en ellos los iluminó con su Palabra y con la gloria de su presencia. El día es perpetuo para los que caminan en la luz de Cristo. Cada día es un buen día y la gloria eterna nos espera.

Bendito Señor, tú que eres nuestra luz, brilla en nuestro corazón y en nuestra mente en este día. Que reflejemos fielmente tu gloria. Amén

EL VERBO DE VIDA

> Lo que era desde el principio... y palparon nuestras manos tocante al Verbo de vida. *(1 Juan 1:1)*

Juan 1:1 dice: «En el principio era el Verbo, y el Verbo era con Dios, y el Verbo era Dios», y esta tremenda verdad nos deja perplejos. Pero aquí tenemos a Juan diciéndonos en relación con Jesús, que era Dios, que Él lo había visto, contemplado y palpado. Cristo mismo le dijo a Tomás que dudaba: «Pon aquí tu dedo, y mira mis manos; y acerca tu mano, y métela en mi costado. Un espíritu no tiene carne ni huesos.» Él es la Palabra viva que nos da vida. La mayor necesidad del mundo perdido es conocerle a Él y la gran tarea del creyente es dar a conocer a Cristo. Vivamos la vida cristiana y sembremos la semilla. Al hacerlo así le veremos a Él crecer en nosotros.

Bendito Verbo de vida, cuánto te agradecemos que te hayas revelado a nosotros. Somos tuyos y tú eres nuestro. Amén.

LA VIDA ETERNA

> Y os anunciamos la vida eterna, la cual estaba con el Padre, y se nos manifestó. *(1 Juan 1:2)*

Juan nos viene a decir: «Le hemos visto a Él que es la vida eterna. Somos testigos de ese hecho y queremos que estéis seguros que podéis gozarlo plenamente.» Y Pablo dice: «Porque en él habita corporalmente toda la plenitud de la deidad.» *Él es* la «vida eterna». Él nos ha impartido esa vida eterna por medio de la fe, y el Espíritu Santo que mora en nosotros da testimonio de ello. Nadie puede separarnos del amor de Dios que es en Cristo Jesús nuestro Señor. Somos hijos ricos de Dios. Nuestros tesoros son para siempre. ¡Qué día feliz cuando tomamos la decisión de creer en Cristo! Vayamos y digámoslo a todos en todas partes.

Jesús bendito, nuestra Vida eterna, esperamos con anhelo tu venida. Ven pronto. Lléñanos con tu Espíritu y Palabra de vida. Amén.

EL ABOGADO

> Hijitos míos, estas cosas os escribo para que no pequéis; y si alguno hubiere pecado, abogado tenemos para con el Padre, a Jesucristo el justo. *(1 Juan 2:1)*

El pecado es parte de la naturaleza humana desde la caída. Dios en su amor ha reconocido la necesidad del hombre y ha hecho provisión para esa necesidad. Pecamos cuando no alcanzamos la gloria de Dios. Cristo, pues, viene a ser nuestro Abogado o alguien que está a nuestro lado y nos defiende, que es el significado de «abogado». Él viene para estar a nuestro lado. Cuando Satanás nos acusa de pecado, Cristo nos representa y nos defiende. Es el abogado que lleva nuestro caso. Su obra de expiación por el pecado se manifiesta en toda su actividad a nuestro favor: en su vida, muerte, resurrección, ascensión e intercesión.

Señor, te damos gracias porque nos representas y nos defiendes, y por medio de ti somos adoptados como hijos por el Padre celestial. Queremos vivir como miembros dignos de tu familia. Amén.

JESUCRISTO EL JUSTO

Y si alguno hubiere pecado, abogado tenemos para con el Padre, a Jesucristo el justo. *(1 Juan 2:1)*

Cristo Jesús es «el justo». Justo significa «conforme a justicia», «correcto o justificado ante Dios». Nunca hubo otro hombre perfectamente justo, pues las Escrituras dicen: «No hay justo, ni aun uno.» «Todos han pecado.» Ningún hombre injusto podría ser nuestro abogado o juez. Él mismo debe ser justo. Cristo lo es y es además es el que nos justifica (Romanos 8:33-35). Que gran consolación es para nosotros, pobres pecadores, saber que somos justificados de todas las cosas que jamás nos podríamos haber justificado mediante la ley de Dios.

Señor Jesús, te agradecemos y te alabamos por tu gran obra de redención y justificación. Tú has hecho por nosotros lo que jamás hubiéramos podido hacer. Gracias a ti somos tenidos por justos y herederos de la vida eterna. ¡Aleluya! Amén.

EL SALVADOR DEL MUNDO

Y nosotros hemos visto y testificamos que el Padre ha enviado al Hijo, el Salvador del mundo. *(1 Juan 4:14)*

Un mundo perdido y arruinado, sujeto por las cadenas del pecado, dominado por Satanás, imposibilitado e impotente. ¿Qué puede hacerse? Solamente Dios, el Soberano contra el cual el mundo ha pecado, puede librarnos de la culpa y de las consecuencias del pecado, y lo ha hecho. Envió a su Hijo. Nosotros le hemos visto por fe y damos testimonio de que en verdad Él es el Salvador del mundo. Él nos ha salvado por medio de la fe en su nombre y en su obra consumada. *Debemos* testificar de Él, *debemos* proclamarlo. En todo lo que hagamos, en todo lo que digamos, que todos sepan que Él «es el Salvador del mundo».

Señor, que seamos testigos fieles de tu poder salvador y que proclamemos la historia de tu amor en la cruz. Hay un solo Señor y Redentor: Cristo Jesús nuestro Salvador. Amén.

EL VERDADERO DIOS

> Pero sabemos que el Hijo de Dios ha venido, y nos ha dado entendimiento para conocer al que es verdadero; y estamos en el verdadero, en su Hijo Jesucristo. Este es el verdadero Dios, y la vida eterna. *(1 Juan 5:20)*

En su oración de la última noche, Jesús le dijo al Padre: «Y esta es la vida eterna: que te conozcan a ti, el único Dios verdadero, y a Jesucristo, a quien has enviado.» Por nuestro versículo es evidente que «estamos en el verdadero, en su Hijo Jesucristo. Este es el *verdadero Dios,* y la vida eterna». Hay un solo Dios. «Grande es el misterio de la piedad.» Alabamos a Dios *—el verdadero Dios—*, porque estamos en Él, y Él en nosotros. Nada nos puede separar.

Señor Jesús, tú que eres el Dios verdadero, ayúdanos a vivir esa vida preciosa y gloriosa que nos has impartido. Amén.

EL HIJO DEL PADRE

> Sea con vosotros gracia, misericordia y paz, de Dios Padre y del Señor Jesucristo, Hijo del Padre, en verdad y en amor. *(2 Juan 3)*

Aquí tenemos una bendición triple expresada por Juan: «Gracia, misericordia y paz de parte del Hijo del Padre.» Este es el testimonio del Padre: «Este es mi Hijo amado, en quien tengo complacencia» y Él es el *unigénito* del Padre. No hay separación entre el Padre y el Hijo. La unión es inquebrantable. «El que me ha visto a mí, ha visto al Padre.» «Yo y el Padre uno somos.» Estas bendiciones se otorgan en «verdad y en amor». La verdad sin amor puede ser fría y dura. El amor sin la verdad puede ser puro sentimentalismo, pero cuando los combinamos, representan verdaderamente el mensaje del «Hijo del Padre», porque el Hijo es la verdad, revelada en amor.

Oramos, Padre celestial, que esta bendición de gracia, misericordia y paz abunde en nosotros en este día al meditar en tu Hijo. Amén.

EL TESTIGO FIEL

Jesucristo el testigo fiel. *(Apocalipsis 1:5)*

Este fue el testimonio de Cristo mismo cuando compareció delante de Poncio Pilato (Juan 18:37): «Yo para esto he nacido, y para esto he venido al mundo, para dar testimonio a la verdad. Todo aquel que es de la verdad, oye mi voz.» Esta era su misión: dar un testimonio fiel. Esta es el deber de cada creyente: «Me seréis testigos.» Este es el fracaso en buena medida de la iglesia. Los no salvos están esperando el testimonio de labios y de vida de los que profesan ser cristianos, y cuando ellos lo ven, el Espíritu Santo obra en ellos.

Santo Espíritu, controla nuestra vida a fin de que contemos como nuestro mayor privilegio: el dar testimonio de Cristo ante un mundo incrédulo. Amén.

EL PRIMOGÉNITO DE LOS MUERTOS

Jesucristo... el primogénito de los muertos. *(Apocalipsis 1:5)*

Cristo Jesús levantó a Lázaro de entre los muertos, pero Él salió de la tumba mediante su propio poder. Lázaro murió de nuevo, pero Cristo Jesús «[vive] siempre para interceder por nosotros». Él fue el «Primogénito de los muertos». Es el precursor de los santos que serán también resucitados, pero «mas ahora Cristo ha resucitado de los muertos; primicias de los que durmieron es hecho». «Sabemos que cuando él se manifieste, seremos semejantes a él, porque le veremos tal como él es.» «El cual transformará el cuerpo de la humillación nuestra, para que sea semejante al cuerpo de la gloria suya.»

Nuestro Señor, esperamos y anhelamos tu venida en tu cuerpo glorificado, para estar contigo y ser semejantes a ti. Anhelamos también ser testigos fieles de tu cruz y de tu resurrección. Amén.

EL SOBERANO DE LOS REYES DE LA TIERRA

> Jesucristo... el soberano de los reyes de la tierra. *(Apocalipsis 1:5)*

¡Qué título tan glorioso! Un día en el futuro se reunirán las multitudes de todos los que han vivido en la tierra y de todas las huestes de los cielos, y ante ellos aparecerá uno que será proclamado como «Soberano de los reyes de la tierra», «Rey de reyes y Señor de señores». Los reinos de este mundo serán suyos por derecho propio, y ante Él todos se inclinarán. Él es Señor de todos los que ejercen autoridad y es Rey de todos los que reinan. Él todavía no ha impuesto sus derechos y autoridad. Todavía están en reserva, pero viene el día cuando todo cetro será quebrantado y todas las coronas puestas a sus pies.

Te alabamos, Rey de reyes y Señor de señores, nuestro Salvador. Estaremos contigo en aquel día. Enséñanos a apresurar la llegada de aquel día glorioso. Que tu gracia y tu poder obren en nosotros para ese fin. Amén.

ALFA Y OMEGA

> Yo soy el Alfa y la Omega, principio y fin, dice el Señor, el que es y que era y que ha de venir, el Todopoderoso. *(Apocalipsis 1:8)*

«Alfa» es la primera letra del alfabeto griego y «Omega» es la última. De lo que se infiere que nuestro Señor es el Primero y el Último. Él es la fuente de todas las cosas. La fuente de toda verdad, la fuente de las promesas dadas en la Palabra de Dios, de todas las profecías, de todos los mandamientos y de todos los castigos. ¡Cuán grande es nuestro Salvador y Señor, «el que es y el que era y que ha de venir». Todo está involucrado en dos palabras: «Principio» y «Fin».

Jehová-Elohim, Primero y Último, que ves y conoces todas las cosas, sosténnos en tus manos. Amén.

EL TODOPODEROSO

> Yo soy... el Todopoderoso. *(Apocalipsis 1:8)*

Nuestro Señor Jesucristo es el Todosuficiente. Escuchemos su voz hablándonos, el «Yo soy» dirigiéndose a nosotros. Su voz y su mensaje demandan atención y obediencia. Podemos confiar en Él y confiar en su mensaje. Nada puede fallar de todo lo que Él dice. La Biblia es un libro veraz. Su mensaje es infalible y nos dice: «Yo os recibiré, y seré para vosotros por Padre, y vosotros me seréis hijos e hijas, dice el Señor Todopoderoso» (2 Corintios 6:17, 18). Y de nuevo: «El que habita al abrigo del Altísimo morará bajo la sombra del Omnipotente» (Salmo 91:1). ¡Qué lugar tan admirable tenemos para morar, nosotros que somos sus hijos!

Señor Todopoderoso, nos rendimos hoy a ti y a tu omnipotencia. Ayúdanos a morar contigo en alabanza y adoración. Amén.

EL PRIMERO Y EL ÚLTIMO

> Y él puso su diestra sobre mí, diciéndome: No temas; yo soy el primero y el último. *(Apocalipsis 1:17)*

Era el unigénito del Padre. Dijo de sí mismo: «Antes que Abraham fuese, yo soy.» Juan el Bautista dijo: «él es primero que yo.» «En el principio era el Verbo, y el Verbo era con Dios, y el Verbo era Dios. Este era en el principio con Dios.» Puso su mano sobre nosotros, su mano de poder, y dijo con tonos de amor: «No temáis.» Nos atrae hacia sí con esas mismas manos y dice: «Descansa sobre mi hombro. No tengas temor, tú eres mío. Te compre a gran precio. El perfecto amor echa fuera el temor.» Él fue el *Primero* en su amor por nosotros cuando estábamos en el pecado. Es *Último* en olvidarse de nosotros y abandonarnos.

Bendito Señor, que tengamos aquel amor perfecto que echa fuera todo temor, viéndote a ti al principio y al final de todos nuestros días. Amén.

EL QUE VIVE

Y el que vive, y estuve muerto; y he aquí, estoy vivo por los siglos de los siglos. *(Apocalipsis 1:18, La Biblia de las Américas)*

El que vive y permanece para siempre. Vive para interceder por nosotros ante el Padre. Por su amor y por su gracia murió por nosotros. Dicen las Escrituras que inclinó la cabeza y entregó el Espíritu. Rompió las ataduras de la muerte, y ahora vive y vivirá por toda la eternidad, y Él tiene las llaves de la muerte y del Hades. «Tiene las llaves», es decir, el dominio total. Tiene el derecho de abrir y de cerrar. El atar y desatar están a su voluntad. «El aguijón de la muerte es el pecado, y el poder del pecado, la ley. Mas gracias sean dadas a Dios, que nos da la victoria por medio de nuestro señor Jesucristo.» ¡Alabado sea tu nombre, Vencedor de la muerte!

Esperamos tu venida y el clamor anunciador desde los cielos. Que tus llaves cierren nuestra vida al mal. Renueva en nosotros tu imagen. Amén.

LA ESTRELLA DE LA MAÑANA

Y le daré la estrella de la mañana. *(Apocalipsis 2:28)*

Se dará a sí mismo a nosotros, porque Él es la «Estrella de la mañana». Escuchamos de nuevo la voz del Espíritu Santo que viene con un mensaje al corazón de los amados del Señor. Somos hueso de sus huesos y carne de su carne. Las estrellas son para la noche, y ahora es noche para este pobre mundo que está en manos de Satanás. La oscuridad aumenta y la medianoche está al caer, pero nuestros ojos están dirigidos al cielo. Oímos su promesa. Así como el Sol de justicia trajo bendiciones para Israel, antes que venga para la iglesia aquel día glorioso, la Estrella de la mañana debe resplandecer, y un rayo de luz aparecerá para los suyos.

Señor, manténnos cerca de ti. Haznos diligentes y fieles, con nuestros ojos fijos en los cielos mientras trabajamos para ti en la tierra, esperando tu venida. Amén.

EL MANÁ ESCONDIDO

Al que venciere, daré a comer del maná escondido. *(Apocalipsis 2:17)*

¿Qué es este «Maná escondido»? ¿No es Él que es el Pan de vida? La voz del Espíritu Santo se escucha dirigiendo a las iglesias un mensaje para los vencedores. Les espera alimento celestial. Durante 12.500 días el maná descendió del cielo para los hijos de Israel. Nuestro amado Pastor nos alimenta hoy con la Palabra de Dios, con la Palabra hecha carne. Los que nos alimentamos de Él viviremos para siempre. Tendremos la piedrecita blanca y un nombre nuevo.

Señor, tú nos hablas, nosotros escuchamos. Esperamos aquel día y el nombre nuevo que tú nos darás. Incluso ahora, hacemos del Pan de vida nuestro sustento eterno. Amén.

EL AMÉN

He aquí el Amén...dice esto. *(Apocalipsis 3:14)*

«Amén» significa «así sea». El «Amén» aquí es nuestro Maestro. Él ha dicho «amén» a cada verdad de las Escrituras, pero la iglesia ha fallado en seguir en sus pasos. La iglesia tiene la verdad porque le tiene a Él, y Él es el camino, la verdad y la vida, como ya hemos visto; pero la iglesia no ha dicho «Amén». Ella dice: «Soy rica, y me he enriquecido, y de ninguna cosa tengo necesidad.» No ha sido ciertamente un testigo fiel y verdadero. No ha sido ni fría ni caliente, sino un producto tibio. ¿Hasta que punto somos nosotros responsables? ¡Señor, perdónanos y ayúdanos! Gracias porque sabemos que Cristo perfeccionará su iglesia.

Señor, abre nuestros ojos para ver, nuestros oídos para escuchar y nuestro corazón para creer. Bautízanos con el poder del Santo Espíritu. Tú tienes la última palabra en todas las cosas. Amén.

EL TESTIGO FIEL Y VERDADERO

El testigo fiel y verdadero... dice esto. *(Apocalipsis 3:14)*

Hemos visto al Señor como el Testigo fiel, pero Él es también el Testigo fiel y *verdadero*. Cuán instructivo e inspirador es que el Espíritu Santo destaque el carácter de Cristo para nosotros. Aquí tenemos el «amén» amplificado. La palabra «fiel» afirma la autenticidad de «verdadero», porque implica que es «real y completo». Juan había visto lo que Él atestiguaba, y era competente y estaba deseoso de hacerlo. ¿Ha sido la iglesia un testigo fiel y verdadero? No, no lo ha sido. Hagámoslo más personal y directo. ¿Hemos sido nosotros testigos fieles y verdaderos? Debemos ser sinceros y reconocer que hemos fallado. Con todo, la obra de Dios continúa por medio de nosotros y continuará en mayor medida por su gracia.

Señor, nuestro Salvador, perdónanos por nuestra infidelidad como testigos. Úngenos para que vayamos a un mundo perdido y seamos fieles y verdaderos a toda costa. Amén.

EL PRINCIPIO DE LA CREACIÓN DE DIOS

El principio de la creación de Dios, dice esto. *(Apocalipsis 3:14)*

A Cristo Jesús se le reconoce como cabeza cuatro veces. Primero, cabeza del cuerpo: «Y lo dio por cabeza sobre todas las cosas a la iglesia, la cual es su cuerpo» (Efesios 1:22, 23). Segundo, de la raza: «Porque todos vosotros sois uno en Cristo Jesús» (Gálatas 3:28). Tercero, de la creación: «El es la imagen del Dios invisible, el primogénito de toda creación» (Colosenses 1:15). Cuarto, en cada hombre: «Pero quiero que sepáis que Cristo es la cabeza de todo varón» (1 Corintios 11:3).

Cristo amado, Creador de todas las cosas, ayúdanos a amarte y servirte. Completa en nosotros la obra que empezaste como parte de tu gran obra de renovación universal. Amén.

EL LEÓN DE LA TRIBU DE JUDÁ

He aquí que el León de la tribu de Judá, la raíz de David, ha vencido para abrir el libro y desatar sus siete sellos. ***(Apocalipsis 5:5)***

La profecía de Jacob en su lecho de muerte se cumplió en Cristo Jesús: «No será quitado el cetro de Judá, ni el legislador de entre sus pies, hasta que venga Siloh» (Génesis 49:10). Judá no tenía ni idea de que pasarían casi tres mil años antes de que su profecía se cumpliera o se pudiera cumplir, y que ese cumplimiento involucraría la glorificación del Hijo de Dios. Las características de un león son manifiestas en la vida y en la obra del Mesías. Él derrotará toda oposición de parte de Satanás y establecerá su reino universal. Alabado y bendecido sea Dios, porque nosotros estaremos con Él y seremos semejantes a Él en la derrota final del reino de Satanás.

Señor, ayúdanos ahora a ser como tú eres. Ayúdanos a ponernos la armadura de la fe y a llevar la espada del Espíritu. Que seamos valientes como leones por amor de ti. Amén.

LA RAÍZ DE DAVID

He aquí que el León de la tribu de Judá, la raíz de David, ha vencido. (Apocalipsis 5:5)

El rey David fue el representante de la *realeza*; Moisés lo fue de la *ley*; Abraham de las *promesas*. Aquí vemos a Cristo en relación con sus derechos al trono y al reino. «Una Raíz» del tronco, o rama, de David: «Saldrá una vara del tronco de Isaí, y un vástago retoñará de sus raíces» (Isaías 11:1). Jesús era la raíz que iba a brotar y reinar sobre los gentiles, y en quien confiarían los gentiles. Cuántas cosas admirables nos esperan en relación con Él. Su vida puede echar raíces en nosotros y dar frutos hermosos de justicia.

Señor, nos maravillamos más y más de que tú nos amaras y murieras por nosotros, tú que eres el Todopoderoso. Agradecidos nos postramos a tus pies en adoración y alabanza. Amén.

SANTO Y VERDADERO

> ¿Hasta cuándo, Señor, santo y verdadero, no juzgas y vengas nuestra sangre en los que moran en la tierra? *(Apocalipsis 6:10)*

Este es el clamor de los que sufrieron la muerte por amor de Cristo porque fueron fieles a Él en su vida y testimonio. ¿No es un clamor semejante el que brota a veces de nuestro corazón al ver el deseo infernal de Satanás por las almas de los hombres? «¿Hasta cuando, Señor, santo y verdadero...?» Pero debemos abundar en la fe. Él nos dice: «Lo que yo hago, tú no lo comprendes ahora; mas lo entenderás después.» ¡Qué admirable es la gracia y la paciencia de Dios nuestro Salvador! Pero viene el día cuando el Juez justo dictará sentencia.

Santo y Verdadero, ponemos nuestros ojos en ti con la seguridad de la fe. Tennos cerca de ti en este día. Que tú puedas decirnos: «Bien, buen siervo y fiel» en el día del juicio. Amén.

EL CORDERO QUE ESTÁ EN MEDIO DEL TRONO

> Porque el Cordero que está en medio del trono los pastoreará, y los guiará a fuentes de aguas de vida; y Dios enjugará toda lágrima de los ojos de ellos. *(Apocalipsis 7:17)*

Tenemos aquí un cuadro hermoso del lugar donde viviremos en el futuro. Estamos delante del trono de Dios, nuestras vestiduras han quedado emblanquecidas por la sangre del Cordero. No tendremos hambre ni sed jamás. El que está sentado en el trono nos cuidará y beberemos de las fuentes de aguas viva. Las lágrimas serán enjugadas para siempre. ¿Qué hace que todo esto sea posible? *Una cosa*: ¡La sangre! *Una persona*: ¡El Cordero! Moraremos con Él por toda la eternidad, estaremos con Él y seremos semejantes a Él.

Amado Salvador Jesucristo, gracias por tu gran amor mostrado en la cruz. Ayúdanos a morar para siempre en tu presencia. Susténtanos ahora con el maná celestial. Amén.

EL CORDERO QUE FUE INMOLADO

> Y la adoraron todos los moradores de la tierra cuyos nombres no estaban escritos en el libro de la vida del Cordero que fue inmolado desde el principio del mundo. *(Apocalipsis 13:8)*

Estaba establecido desde antes de la fundación del mundo que Jesús sufriría muerte de cruz por nuestros pecados. La muerte de Cristo ha sido, desde el principio, bien eficaz en saldar la deuda del pecado. El único camino de salvación para los hombres ha sido el derramamiento de su sangre. Esto fue conocido anticipadamente y establecido por Dios. ¡Qué lugar tan especial debería tener el Cordero de Dios en nuestro corazón! ¡Qué especial debería ser para nosotros la sangre de Cristo mediante la cual somos redimidos! Porque sin derramamiento de sangre no se hace remisión de pecados.

Bendito Cordero de Dios, te adoramos. Nos regocijamos en que hemos sido lavados en tu sangre. Serás conocido por toda la eternidad como el Cordero que fue inmolado. Amén.

REY DE LOS SANTOS

> Justos y verdaderos son tus caminos, Rey de los santos. *(Apocalipsis 15:3)*

Este título queda mejor traducido por «Rey de los siglos» o «Rey de las naciones». ¡Qué cuadro grandioso tenemos aquí! Estamos parados en el «mar de vidrio mezclado con fuego». El juicio espera a las naciones. Siete ángeles con siete últimas plagas están allí. Marcos parece describir este momento: «Porque aquellos días serán de tribulación cual nunca ha habido desde el principio de la creación que Dios creó, hasta este tiempo, ni la habrá» (Marcos 13:19). Pero allí están también las arpas de Dios y el cántico de Moisés. El canto de victoria es sobre la bestia y su imagen. ¡Qué gran día! ¡Qué gran momento para nuestro Señor a quien adoramos!

Te prometemos hoy nuestra leal devoción, Rey de la naciones. Ayúdanos a hacer tu voluntad hasta la venida de aquel día. Ten misericordia de tus súbditos que te sirven fielmente. Amén.

SEÑOR DE SEÑORES

Porque él es Señor de señores y Rey de reyes; y los que están con él son llamados y elegidos y fieles. ***(Apocalipsis 17:14)***

Desde el huerto de Edén hasta la escena que se describe en este versículo, los poderes de la tierra han luchado contra nuestro Señor. El príncipe de este mundo ha mostrado su odio satánico por Cristo, el Prometido que le heriría en la cabeza. El mundo ha sido la esfera del conflicto de los siglos, pero gracias a Dios, el día cuando esta guerra cesará se anuncia en este versículo. Todos los reyes tendrán que inclinarse ante Él. Ha sido un largo conflicto de siglos, pero el final debe llegar. Miramos hacia el futuro anticipando la victoria profetizada.

A ti que sostienes los mundos en la palma de tu mano, te imploramos que aceleres el día feliz y gozoso de tu venida. Prepáranos para este conflicto con el mundo mientras procuramos la extensión de tu reino en todas las áreas. Amén.

REY DE REYES

El Cordero los vencerá, porque él es... Rey de reyes. (Apocalipsis 17:14)

«En su vestidura y en su muslo tiene escrito este nombre: Rey de reyes...» ¿Quién es? El que nació en un establo y se relacionó con pescadores, el que también anhela tener comunión con nosotros hoy. De su boca sale una espada aguda, la espada del Espíritu, que es la Palabra de Dios. Sus enemigos cayeron a tierra delante de Él en el huerto de Getsemaní, y así sucederá siempre. El poder de la Palabra de Dios es *irresistible*. ¡Cuán necios son los que con manos tan débiles se levantan contra el Rey de reyes, el Todopoderoso! Gran juicio y castigo espera a los que se oponen a Él y a su Palabra infalible.

Rey de reyes, nos inclinamos ante ti en reverencia y adoración. Te seguimos. Ayúdanos a pelear la buena batalla de la fe. Amén

SEÑOR DIOS TODOPODEROSO

> Y oí como la voz de una gran multitud, como el estruendo de muchas aguas, y como la voz de grandes truenos, que decía: ¡Aleluya, porque el Señor nuestro Dios Todopoderoso reina! *(Apocalipsis 19:6)*

Aquí tenemos un clímax. Qué palabras se pueden comparar con las palabras de Dios asociadas con esta escena: «Y oí como la voz de una gran multitud... que decía: ¡Aleluya, porque el Señor nuestro Dios... Gocémonos y alegrémonos y démosle gloria; porque han llegado las bodas del Cordero, y su esposa se ha preparado.» Este momento ya no está tan lejos. El Omnipotente viene, y nosotros estaremos con Él. ¡Aleluya!

Señor, tú que eres el Todopoderoso, invístenos de tu poder para que podamos hacer lo mejor a fin de que aquel día glorioso venga cuanto antes. Amén.

EL VERBO DE DIOS

> Estaba vestido de una ropa teñida en sangre; y su nombre es: EL VERBO DE DIOS. *(Apocalipsis 19:13)*

¿Cómo podemos expresar en unas pocas palabras lo que este título demanda? Sólo Juan usa este término. Juan dice: «Sin él nada de lo que ha sido hecho, fue hecho. Y aquel Verbo fue hecho carne.» Cuán gozosos estamos de que hemos escuchado su Palabra. Le hemos visto por la fe. Él mora en nosotros y entre nosotros. Con las marcas de su sacrificio visibles en su persona, dirige a la victoria los ejércitos del cielo y a todos los santos del Antiguo y Nuevo Testamento. Lástima de aquellos cuyos ojos están ciegos a la visión del Cristo real y de los que sólo tienen una concepción sentimental de Él.

Bendito Verbo divino, estamos a tus pies llenos de asombro y admiración por tus obras en la creación y en la redención. Elevamos nuestras voces cantando: ¡Aleluya, gloria a nuestro Salvador! Reina en el trono de nuestro corazón por siempre jamás. Amén.

EL TEMPLO

Y no vi en ella templo; porque el Señor Dios Todopoderoso es el templo de ella, y el Cordero. *(Apocalipsis 21:22)*

¡Qué templo tan impresionante y maravilloso! El Señor mismo es el templo. La ciudad es cuadrada y su medida 12.000 estadios. Cualquiera que sea el significado de estas dimensiones y estructura, bien que tenga un sentido literal o pictórico, significa que es «grande en tamaño y rica en ornamentos». La ciudad es de oro puro, semejante al vidrio limpio; sus muros son de jaspe y sus cimientos adornados con toda piedra preciosa: zafiro, ágata, esmeralda, ónice, cornalina, crisólito, topacio, jacinto, amatista. Sus puertas de perlas y sus calles de oro. Lo contemplamos en fe, llenos de asombro y admiración, pero —gloria sea a Dios— anticipamos con gozo creciente la visión que nos espera cuando lo veamos en su plena realidad.

Bendito Dios, manténnos cerca de ti con ojos y oídos abiertos, mientras que esperamos con anticipación aquella hermosa realidad celestial. No podemos comprender ahora toda la belleza de tu morada que quieres compartir con nosotros. Amén.

LA LUMBRERA DE LA CIUDAD

El Cordero es su lumbrera. *(Apocalipsis 21:23)*

El Cordero es la «Luz del mundo», y es también la lumbrera de la ciudad celestial y eterna. No hay allí necesidad del sol o de la luna, porque el que creó todas las cosas ha provisto una Lumbrera para la ciudad, la gloria de Dios la ilumina y el Cordero de Dios que murió es su Lámpara; el mismo que cargó con nuestros pecados y nos lavó con su propia sangre. Las naciones caminarán en su luz y los reyes de la tierra le traerán sus tributos. Los que han puesto su confianza en Cristo estarán allí. ¡Aleluya!

Cordero de Dios, Luz del mundo, nos gozamos en la luz y el calor de tu amor ahora y lo haremos también en la gloria de tu presencia en el más allá. Demos a Él tributo ahora y en la Nueva Jerusalén después. Amén.

EL LINAJE DE DAVID

> Yo soy la raíz y el linaje de David, la estrella resplandeciente de la mañana. *(Apocalipsis 22:16)*

Cristo es el tallo que brota de la raíz de Isaí, y es el «Linaje de David». Dios, el Hijo, creó los cielos y la tierra y todas los demás cosas, y no obstante, Él es el linaje de David, el Señor de David y el hijo de David. Él *nació* Rey de los judíos y *murió* Rey de los judíos, y un día *reinará* sobre los judíos. Esta fue la promesa de Dios y todas su promesas se cumplen. Como Creador divino, Él es la raíz de la casa de David; como hombre, es el linaje. No hay contradicción en la Palabra de Dios concerniente al Hijo de Dios.

Señor, te alabamos y glorificamos por tu Palabra y por tu obra. Miramos por la fe a tu rostro y te adoramos. Tú eres el Señor de señores y Rey de reyes, así como también el Hijo de David. Amén.

LA ESTRELLA RESPLANDECIENTE DE LA MAÑANA

> Yo Jesús he enviado mi ángel para daros testimonio de estas cosas en las iglesias. Yo soy… la estrella resplandeciente de la mañana. *(Apocalipsis 22:16)*

Hemos meditado en Cristo como el «Lucero de la mañana» y «la Estrella de la mañana», pero aquí, el que es la luz del mundo habla de sí mismo como «La Estrella resplandeciente de la mañana». Antes que el sol se levante, antes del comienzo del milenio, Él será para la iglesia la «Estrella resplandeciente de la mañana». Él despejará la oscuridad para nosotros antes que tengan lugar los juicios profetizados para un mundo cansado y enfermo. Antes que sean reveladas las glorias descritas en este capítulo, Él aparecerá como la «Estrella resplandeciente de la mañana».

Señor, nuestra Estrella resplandeciente de la mañana, esperamos con anhelo la gloria refulgente de tu presencia. Oramos que amanezcas en nuestro corazón como una señal del nuevo alborear de tu reino eterno. Amén.

EL QUE TESTIFICA

> El que da testimonio de estas cosas dice: Ciertamente vengo en breve. Amén; sí, ven, Señor Jesús. *(Apocalipsis 22:20)*

Este no es un título ni tampoco un nombre, sino una gran verdad muy apropiada para terminar este libro. Nos regocijaríamos mucho si cada lector tuviera un deseo sincero de decir «Amén» a esta promesa del Señor. Los días son cada vez más oscuros para la iglesia y el mundo. Cuando examinamos con cuidado las profecías vemos que las señales indicadoras van apareciendo. Este pobre y decadente mundo se tambalea como un embriagado hacia su condenación. Nuestro corazón está triste. Pensamos en aquellos cuyo futuro está lleno de aflicción y angustia. No obstante, Dios sigue llamando a los pecadores. El que testifica nos insta a que vayamos y hablemos del evangelio a los perdidos. Llevémosles al Cordero de Dios y oremos para que lo reciban en sus corazones. Alentemos también a los santos a que tengan sus ojos fijos en Jesús. Él nos ha dejado *el testimonio* de su Palabra, con sus promesas preciosas. Y ahora, al concluir, el último versículo de este capítulo es nuestra sentida oración por nuestros lectores.

La gracia de nuestro Señor Jesucristo sea con todos vosotros. Amén.

Abogado, El (1 Jn. 2:1), 154
Admirable (Is. 9:6), 31
Alfa y Omega (Ap. 1:8), 158
Amado Hijo de Dios (Col. 1:13), 124
Amado, Mi (Mt. 12:18), 68
Amén, El (Ap. 3:14), 161
Amigo de pecadores (Mt. 11:19), 67
Amigo más que un hermano (Pr. 18:24), 24
Anciano de días (Dn. 7:13, 14), 58
Ángel de Jehová, El (Gn. 22:15), 11
Ángel de su presencia, El (Is. 63:9), 53
Ángel del pacto, El (Mal. 3:1), 62
Apartado de los pecadores (He. 7:26), 143
Apóstol, El (He. 3:1), 138
Aquel que todo lo llena en todo (Ef. 1:23), 120
Aquel varón a quien designó (Hch. 17:31), 107
Árbitro, El (Job 9:33), 16
Arroyos de aguas en tierra de sequedad (Is. 32:2), 43
Asiento de honra (Is. 22:23), 38
Aurora nos visitará desde lo alto, La (Lc. 1:78), 79
Autor de eterna salvación (He. 5:9), 140
Autor de la fe, El (He. 12:2), 146
Autor de la salvación (He. 2:10), 137
Autor de la vida, El (Hch. 3:15), 104
Ayudador, Mi (He. 13:6), 148

Bálsamo de Galaad (Jer. 8:22), 54
Bendito por los siglos (Ro. 9:5), 109
Bienaventurado y solo Soberano (1 Ti. 6:15), 132
Buen nombre, El (Stg. 2:7), 149
Buen pastor, El (Jn. 10:11), 96

Cabeza de todo varón, La (1 Co. 11:3), 116
Cabeza del cuerpo, La (Col. 1:18), 126
Cabeza sobre todas las cosas (Ef. 1:22), 120
Cabeza, La (Ef. 4:15), 122
Camino, El (Jn. 14:6), 98
Carpintero, El (Mr. 6:3), 73
Castillo, Mi (Sal. 18:2), 18
Cetro, Un (Nm. 24:17), 14
Cimiento estable (Is. 28:16), 41
Clavo en lugar firme, Un (Is. 22:23), 37
Consejero (Is. 9:6), 32
Consolación de Israel, La (Lc. 2:25), 81
Constructor, El (He. 3:3), 138
Consumador de la fe, El (He. 12:2), 147
Cordero de Dios, El (Jn. 1:29), 90
Cordero que está en medio del trono, El (Ap. 7:17), 164
Cordero que fue inmolado, El (Ap. 13:8), 165
Cordero sin mancha y sin contaminación, Un (1 P. 1:19), 149
Corona de gloria (Is. 28:5), 40
Creador de todas las cosas (Col. 1:16), 126
Cristo (Ef. 1:3), 119
Cristo de Dios, El (Lc. 9:20), 85
Cristo el Señor (Lc. 2:11), 80
Cristo nuestra vida (Col. 3:4), 128
Cristo, el Hijo del Bendito, El (Mr. 14:61), 76
Cuerno de salvación, Un (Lc. 1:69), 78

Descendencia de Abraham, La (He. 2:16), 137
Diadema de hermosura (Is. 28:5), 41
Dios (He. 1:8), 136
Dios de toda la tierra (Is. 54:5), 50
Dios eterno, El (Is. 40:28), 45
Dios Fuerte (Is. 9:6), 32
Dios manifestado en carne (1 Ti. 3:16), 131
Dios mi Salvador (Lc. 1:47), 78
Don de Dios, El (Jn. 4:10), 93
Don inefable de Dios, El (2 Co. 9:15), 119

El primero y el último (Ap. 1:17), 159
El que ama mi alma (Cnt. 3:2), 27
El que ha de venir (He. 10:37), 145
El que levanta mi cabeza (Sal. 3:3), 17
El que testifica (Ap. 22:20), 170
El que vive (Ap. 1:18), 160
El todo en todos (Col. 3:11), 129
Emanuel (Mt. 1:23), 65
Enaltecido (Sal. 148:13), 24
Enviado del Padre, El (Jn. 17:18), 101
Escogido de Dios, El (Lc. 23:35), 87
Escogido, Mi (Is. 42:1), 46
Escondedero contra el viento, Un (Is. 32:2), 42
Escudo, Mi (Sal. 3:3), 16
Esperanza bienaventurada, La (Tit. 2:13), 133
Esperanza de gloria, La (Col. 1:27), 128
Esperanza de Israel, La (Jer. 14:8), 55
Esperanza de su pueblo, La (Jl. 3:16), 59
Espíritu vivificante (1 Co. 15:45), 117
Esposo, El (Mt. 25:10), 71
Estrella de la mañana, La (Ap. 2:28), 160
Estrella resplandeciente de la mañana, La (Ap. 22:16), 169
Estrella, Una (Nm. 4:17), 13
Extraño y desconocido, Un (Sal. 69:8), 21

Fiador de un mejor pacto (He. 7:22), 142
Fortaleza al pobre (Is. 25:4), 38
Fortaleza de los siglos, La (Is. 26:4), 40
Fortaleza mía (Sal. 144;2), 23
Fortaleza y mi canción, Mi (Is. 12:2), 37
Fortaleza, Una (Nah. 1:7), 60
Fundamento, El (1 Co. 3:11), 114

Galardonador, El (He. 11:6), 146
Gloria de tu pueblo Israel (Lc. 2:32), 82
Gloria, Mi (Sal. 3:3), 17
Gobernante, Un (Mi. 5:2), 59
Gobernante, Un (Mt. 2:6), 66
Gran Dios (Tit. 2:13), 134
Gran luz, Una (Is. 9:2), 31
Gran pastor de las ovejas, El (He. 13:20), 148
Gran profeta, Un (Lc. 7:16), 85
Gran sumo sacerdote, El (He. 4:14), 139
Grano de trigo, El (Jn. 12:23, 24), 97
Guía, El (Is. 55:4), 51

Hacedor, Mi (Is. 54:5), 49
Heredero de todo (He. 1:2), 134
Hijo amado de Dios, El (Mt. 17:5), 70
Hijo de Abraham (Mt. 1:1), 64
Hijo de David (Mt. 1:1), 64
Hijo de Dios, El (Jn. 1:34), 91
Hijo de María, El (Mr. 6:3), 74

Hijo del Altísimo (Lc. 1:32), 77
Hijo del Dios Altísimo (Mr. 5:7), 73
Hijo del Dios viviente, El (Mt. 16:16), 69
Hijo del Hombre, El (Mr. 10:33), 75
Hijo del Padre, El (2 Jn. 3), 156
Hijo del rey, El (Sal. 72:1), 22
Hijo suyo amado, Un (Mr. 12:6), 76
Hijo unigénito de Dios, El (Jn. 3:16), 92
Hombre noble, Un (Lc. 19:12), 87
Hombre, El (Jn. 19:5), 102

Imagen de Dios (2 Co. 4:4), 118
Imagen del Dios invisible, La (Col. 1:15), 125
Imagen misma de su sustancia, La (He. 1:3), 135
Invitado, El (Lc. 19:7), 86

Jefe, El (Is. 55:4), 52
Jehová (Is. 12:2), 36
Jehová de los ejércitos (Is. 6:3), 29
Jehová el poderoso en batalla (Sal. 24:8), 19
Jehová el Señor (Is. 40:10), 45
Jesucristo el justo (1 Jn. 2:1), 155
Jesucristo hombre (1 Ti. 2:5), 131
Jesús (Mt. 1:21), 65
Jesús de Nazaret (Hch. 22:8), 107
Jesús el Cristo (Mt. 16:20), 70
Juez de los vivos y de los muertos (2 Ti. 4:1, 2), 132
Juez justo, El (2 Ti. 4:8), 133
Justificación (1 Co. 1:30), 112
Justo, El (Hch. 7:52), 105

León de la tribu de Judá, El (Ap. 5:5), 163
Libertador, El (Ro. 11:26), 110
Linaje de David, El (Ap. 22:16), 169
Lirio de los valles, El (Cnt. 2:1), 27
Lucero de la mañana, El (2 P. 1:19), 153
Lugar de descanso, Su (Jer. 50:6), 56
Lumbrera de la ciudad, La (Ap. 21:23), 168
Luz de Israel, La (Is. 10:17), 34
Luz de la mañana, La (2 S. 23:4), 15
Luz de las naciones (Is. 42:6), 46
Luz de los hombres, La (Jn. 1:4), 89
Luz del mundo, La (Jn. 8:12), 95
Luz para revelación a los gentiles (Lc. 2:32), 82
Luz perpetua (Is. 60:20), 53
Luz verdadera (Jn. 1:9), 89

Maestro (Jn. 13:13), 98
Maestro bueno (Mr. 10:17), 74
Maná escondido, El (Ap. 2:17), 161
Manojito de mirra, Un (Cnt. 1:13), 25
Marido, Mi (Is. 54:5), 50
Más sublime que los cielos (He. 7:26), 143
Mediador de un mejor pacto (He. 8:6), 144
Mediador del nuevo pacto (He. 12:24), 147
Mediador, El (1 Ti. 2:5), 130
Médico (Lc. 4:23), 84
Mesías (Jn. 4:25), 93
Ministro de la circuncisión (Ro. 15:8), 111
Ministro del santuario (He. 8:2), 144
Muro de fuego, Un (Zac. 2:5), 60

Nazareno (Mt. 2:23), 67
Niño Jesús, El (Lc. 2:43), 83
Niño, El (Is. 7:16), 30
Niño, El (Lc. 2:12), 80
Niño, El (Mt. 2:9), 66
Nuestra esperanza (1 Ti. 1:1), 130
Nuestra pascua (1 Co. 5:7), 115
Nuestra paz (Ef. 2:14), 121
Nuestro alfarero (Is. 64:8), 54

Nuestro guardador (Jn. 17:12), 101
Nuestro hermano (Mr. 3:35), 72
Nuestro intercesor (He. 7:25), 142
Nuestro legislador (Is. 33:22), 44

Obispo de nuestras almas (1 P. 2:25), 152
Ofrenda (Ef. 5:2), 122
Olor fragante (Ef. 5:2), 123

Padre de familia, El (Lc. 13:25), 86
Padre Eterno (Is. 9:6), 33
Pan de vida, El (Jn. 6:35), 94
Pastor, Mi (Sal. 23:1), 18
Pendón a los pueblos (Is. 11:10), 36
Piedra cabeza del ángulo, La (Sal. 118:22), 23
Piedra cortada no con mano, Una (Dn. 2:34, 35), 57
Piedra de tropiezo (1 P. 2:7, 8), 151
Piedra probada, Una (Is. 28:16), 42
Piedra viva, La (1 P. 2:4), 150
Planta de renombre, Una (Ez. 34:29), 57
Poder de Dios (1 Co. 1:24), 111
Porción de Jacob, La (Jer. 10:16), 55
Postrer Adán, El (1 Co. 15:45), 117
Precursor, El (He. 6:20), 140
Primicias de los que durmieron (1 Co. 15:20), 116
Primogénito de Dios, El (Sal. 89:27), 22
Primogénito de entre los muertos, El (Col. 1:18), 127
Primogénito de los muertos, El (Ap. 1:5), 157
Primogénito de toda creación, El (Col. 1:15), 125
Primogénito entre muchos hermanos, El (Ro. 8:29), 108
Principal piedra del ángulo, La (1 P. 2:6), 150
Príncipe de los pastores, El (1 P. 5:4), 152
Príncipe de los príncipes (Dn. 8:25), 58
Príncipe de Paz (Is. 9:6), 33
Príncipe del ejército de Jehová, El (Jos. 5:14), 14
Príncipe y Salvador (Hch. 5:31), 105
Principio de la creación de Dios, El (Ap. 3:14), 162
Principio, El (Col. 1:18), 127
Profeta de Nazaret, El (Mt. 21:11), 71
Profeta del Altísimo (Lc. 1:76), 79
Profeta, poderoso en obra y en palabra (Lc. 24:19), 88
Propio Hijo, Su (Ro. 8:32), 108
Puerta de las ovejas, La (Jn. 10:7), 96
Purificador (Mal. 3:3), 63

Rabí (Jn. 1:49), 91
Racimo de flores de alheña (Cnt. 1:14), 26
Raíz de David, La (Ap. 5:5), 163
Raíz de Isaí, La (Is. 11:10), 35
Raíz de tierra seca (Is. 53:2), 48
Redención (1 Co. 1:30), 113
Redentor, El (Is. 59:20), 52
Refinador (Mal. 3:3), 62
Refugio contra el turbión (Is. 25:4), 39
Renuevo de Jehová, El (Is. 4:2), 29
Renuevo justo (Jer. 23:5), 56
Rescate por muchos (Mr. 10:45), 75
Resplandor de su gloria, El (He. 1:3), 135
Restaurador, Mi (Sal. 23:3), 19
Resurrección, La (Jn. 11:25), 97
Rey de gloria (Sal. 24:10), 20
Rey de Israel, El (Jn. 1:49), 92
Rey de justicia (He. 7:2), 141
Rey de los judíos (Mr. 15:2), 77
Rey de los santos (Ap. 15:3), 165

Rey de paz (He. 7:2), 141
Rey de reyes (Ap. 17:14), 166
Rey en su hermosura, El (Is. 33:17), 44
Rey sobre toda la tierra (Zac. 14:4, 9), 61
Rey, El (Zac. 14:16), 61
Roca de Israel, La (Gn. 49:24), 12
Roca de mi salvación, La (2 S. 22:47), 15
Roca espiritual, La (1 Co. 10:4), 115
Roca fuerte, Mi (Sal. 31:2), 20
Roca que hace caer (1 P. 2:7, 8), 151
Rosa de Sarón, La (Cnt. 2:1), 26

Sabiduría de Dios (1 Co. 1:24), 112
Sacerdote para siempre (He. 5:6), 139
Sacrificio a Dios (Ef. 5:2), 123
Sacrificio de paz, El (Lv. 3:1), 13
Saeta bruñida (Is. 49:2), 47
Salvación de Dios, La (Lc. 2:30), 81
Salvador del mundo, El (1 Jn. 4:14), 155
Salvador del mundo, el Cristo, El (Jn. 4:42), 94
Santificación (1 Co. 1:30), 113
Santo de Dios, El (Hch. 2:27), 103
Santo de Dios, El (Mr. 1:24), 72
Santo de Israel, El (Is. 49:7), 47
Santo Hijo Jesús, El (Hch. 4:27), 104
Santo y verdadero (Ap. 6:10), 164
Santuario, Un (Is. 8:14), 30
Sembrador, El (Mt. 13:37), 69
Señal, Una (Lc. 2:34), 83
Señalado entre diez mil (Cnt. 5:10), 28
Señor de gloria, El (1 Co. 2:8), 114
Señor de los muertos y de los vivos (Ro. 14:9), 110
Señor de paz (2 Ts. 3:16), 129
Señor de señores (Ap. 17:14), 166
Señor de todos (Hch. 10:36), 106
Señor del cielo, El (1 Co. 15:47), 118
Señor del sábado (Lc. 6:5), 84
Señor Dios Todopoderoso (Ap. 19:6), 167
Señor Jesús (Hch. 7:59), 106
Señor mío y Dios mío (Jn. 20:28), 102
Señor, El (Ro, 10:13), 109
Señor, Un (Ef. 4:5), 121
Siervo (Fil. 2:7), 124
Siervo justo de Dios, El (Is. 53:11), 49
Siervo, Mi (Mt. 12:18), 68
Siloh (El Pacificador) (Gn. 49:10), 12
Simiente de la mujer, La (Gn. 3:15), 11
Soberano de los reyes de la tierra, El (Ap. 1:5), 158
Sol de justicia, El (Mal. 4:2), 63
Sombra contra el calor (Is. 25:4), 39
Sombra de un gran peñasco en tierra calurosa (Is. 32:2), 43
Sustentador de todas las cosas, El (He. 1:3), 136

Templo, El (Ap. 21:22), 168
Testador, El (He. 9:16), 145
Testigo a los pueblos (Is. 55:4), 51
Testigo fiel y verdadero, El (Ap. 3:14), 162
Testigo fiel, El (Ap. 1:5), 157
Todo él es deseable (Cnt. 5:16), 28
Todopoderoso, El (Ap. 1:8), 159
Torre fuerte, Mi (Sal. 61:3), 21
Tu nombre es como ungüento derramado (Cnt. 1:3), 25

Unigénito del Padre, El (Jn. 1:14), 90

Vara del tronco de Isaí, Una (Is. 11:1), 34
Varón aprobado por Dios (Hch. 2:22), 103
Varón de dolores (Is. 53:3), 48
Vástago retoñará de sus raíces, Un (Is. 11:1), 35
Vencedor, El (Jn. 16:33), 100
Verbo de Dios, El (Ap. 19:13), 167
Verbo de vida, El (1 Jn. 1:1), 153
Verbo, El (Jn. 1:1), 88
Verdad, La (Jn. 14:6), 99
Verdadero Dios, El (1 Jn. 5:20), 156
Vid, La (Jn. 15:5), 100
Vida eterna, La (1 Jn. 1:2), 154
Vida, La (Jn. 14:6), 99

Yo soy (Jn. 8:58), 95